외상 후 스트레스 장애
심신 워크북

트라우마 치유를 위한 10주 프로그램

Mind-Body
Workbook
for
PTSD

외상 후 스트레스 장애
심신 워크북

Stanley H. Block, Carolyn Bryant Block 지음

정도운, 정성수 옮김

Σ 시그마프레스

외상 후 스트레스 장애 심신 워크북

트라우마 치유를 위한 10주 프로그램

발행일 | 2015년 7월 1일 1쇄 발행
저자 | Stanley H. Block, Carolyn Bryant Block
역자 | 정도운, 정성수
발행인 | 강학경
발행처 | (주)시그마프레스
디자인 | 이상화
편집 | 류미숙

등록번호 | 제10-2642호
주소 | 서울특별시 영등포구 양평로 22길 21 선유도코오롱디지털타워 A401~403호
전자우편 | sigma@spress.co.kr
홈페이지 | http://www.sigmapress.co.kr
전화 | (02)323-4845, (02)2062-5184~8
팩스 | (02)323-4197

ISBN | 978-89-6866-499-1

Mind-Body Workbook for PTSD

A 10-Week Program for Healing After Trauma

＊ 책값은 책 뒤표지에 있습니다.

이 도서의 국립중앙도서관 출판시도서목록(CIP)은 서지정보유통지원시스템 홈페이지(http://seoji.nl.go.kr)와 국가자료공동목록시스템(http://www.nl.go.kr/kolisnet)에서 이용하실 수 있습니다.(CIP제어번호 : CIP2015016684)

역자 서문

외상 후 스트레스 장애(Post-traumatic Stress Disorder, PTSD)는 남북전쟁, 스페인 내전, 두 차례의 세계대전, 베트남 전쟁 등 참혹한 전쟁에 참전하였던 많은 군인이 불안, 흥분, 놀람, 악몽 등의 증상을 나타내면서 주목 받기 시작했다. 1980년 미국에서 **정신질환 진단 및 통계편람 제3판**(*Diagnostic and Statistical Manual of Mental Disorders*, *DSM III*)이 발표되면서 정신의학 분야에서 처음으로 외상 후 스트레스 장애라는 진단명이 사용되기 시작했다. 시간이 지나면서 전쟁뿐만 아니라 지진, 태풍, 홍수, 해일 등의 자연재해, 그리고 교통사고, 산업재해, 건축물 붕괴와 같은 각종 사고와 강도, 성폭행 등 범죄 피해자들에게도 흔히 나타나는 질병으로 확인되었다.

외상 후 스트레스 장애를 효과적으로 치료하는 방법으로는 약물치료 외에 인지행동치료(Cognitive Behavior Therapy, CBT)와 안구운동 민감소실 및 재처리 요법(eye movement desensitization and reprocessing, EMDR) 등이 개발되어 사용되고 있다. 인지행동치료는 트라우마 이후에 발생한 인지적 왜곡을 교정하고, 상황을 회피하지 않도록 하는 행동치료가 포함되며, 개발자마다 강조점이 조금씩 달라 다양한 인지행동치료들이 있다. 또한 안구운동 민감소실 및 재처리 요법은 안구운동을 통해 사건을 떠올리면서 경험할 수 있는 불안을 경감시키고, 심리적으로 트라우마 사건을 재처리할 수 있도록 도와주는 방법이다. 이 두 치료법에서 보듯 불안장애 치료의 핵심은 회피가 아니라 노출이며, 인지적으로 왜곡시키거나 트라우마를 떠올리지 않으려고 피하는 것이 아니라 부드럽게 수용하는 것이다. 최근 10여 년간 미국을 중심으로 시행된 많은 연구를 통해 만성 통증, 우울, 불안, 중독, 경계성 인격장애 등 여러 정신질환의 치료에 심신자각(mindfulness)이 효과가 있다는 것이 밝혀졌으며, 수용은 심신자각의 작용 기제에 있어 중요한 한 축이었다.

요즘 신문이나 방송 뉴스를 통해 거의 매일 재난과 사고, 테러 소식을 전해 듣기도 하지만, 우리 자신도 살아가면서 다양한 심리적 외상을 경험한다. 때로는 사는 것 자체가 전쟁처럼 느껴지기도 한다. 그동안 다양한 심리적 외상을 경험한 외상 후 스트레스 장애 환자들을 진료하면서 어떤 말로 그들을 위로하고 안정시켜 줄 수 있을지 막막할 때가 많았다. 역자들은 지난 수년간 메디컬 마인드풀니스(Medical Mindfulness) 연구회에 참여하며 심신자각을 공부하고, 관련 서적을 번역하고, 함께 수련해 왔다. 그동안의 임상 경험을 바탕으로 트라우마를 경험하고 외상 후 스트레스 장애로 고통받는 환자들에게 심신자각을 접목할 수 있다면 매우 유용할 것으로 생각하였다. 그러던 중 정신과 의사인 Stanley H. Block 박사와 아내 Carolyn Bryant Block이 공저한 외상 후 스트레스 장애 심신 워크북(Mind-Body Workbook for PTSD)을 알게 되어 무척 반가웠다. 이 책은 심신자각과 인지치료의 개념을 저자 나름의 방식으로 함께 묶어 외상 후 스트레스 장애 치료를 위한 실용적인 지침서로 만든 것이다. 특히 매일 조금씩 연습하면서 자연스럽게 체득할 수 있게 구성된 점이 두드러지는 장점이다. 서두르지 않되 꾸준한 치료를 할 수 있게 도와주도록 만들었다는 점에서 저자의 혜안이 돋보인다.

그동안 이 책을 함께 공부하고 번역 과정에서 많은 도움을 주었던 인제대학교 부산백병원 정신건강의학과 김현정, 임지섭, 김임규, 김정민, 강은찬, 김연수 선생님께 이 자리를 빌려 깊은 감사를 표한다. 그들의 노고가 이 책 곳곳에 깊이 스며들어 있음을 밝혀둔다. 또한 흔쾌히 출판을 허락해 주신 (주)시그마프레스 강학경 대표님과 훌륭하게 편집해 주신 편집부 직원 분들께도 이 자리를 빌려 감사를 전하고 싶다.

끝으로 불의의 사고로 한없는 고통을 겪고 있는 수많은 외상 후 스트레스 장애 환자들이 의학적, 사회적, 법적 도움뿐만 아니라 그들의 내적 치유력을 회복하여 고통을 경감시키고, 어쩔 수 없었던 외상 경험을 부드럽게 수용하고, 다시 세상 속에서 그들 자신의 인생을 살아갈 수 있도록 하는 데 이 역서가 도움이 되기를 바란다. 또한 외상 후 스트레스 장애를 치료하는 임상가들이 인지행동치료와 안구운동민감소실 및 재처리 요법 외에 활용할 수 있는 제3의 치료 도구로 이 책이 널리 활용되기를 바란다.

정도운, 정성수

차례

서문 ▸ 1

제1장 외상 후 스트레스 장애의 자기발견과 자기치유 ▸ 7

제2장 당신의 긴장을 녹여 매일의 삶을 향상시켜라 ▸ 23

제3장 부정적 생각의 지배에서 벗어나기 ▸ 47

제4장 당신이 한 최선의 노력은 왜 나쁜 결과를 초래할까 ▸ 69

제5장 외상 후 스트레스 장애 해소를 위한 작업 ▸ 99

제6장 트라우마가 만든 부정적인 자기신념 치유하기 ▸ 125

제7장 트라우마 기억을 단계적으로 해결하기 ▸ 155

제8장 트라우마 다루기 : 유발요인과 두려움 ▸ 185

제9장 이차 상처를 치유하고 마음의 평화를 갖고 미래를 맞이하라 ▸ 209

제10장 최상의 삶 ▸ 235

부록 : 심신 연결하기 용어 ▸ 243

참고문헌 ▸ 245

서문

당신은 이 세상 누구도 당신이 겪은 것을 이해할 수 없을 만큼 끔찍한 트라우마를 경험했을 수 있습니다. 트라우마는 치유되어 과거의 흉터로 남겨지지 않고, 반복해서 떠오르며 당신 삶의 모든 부분을 방해합니다. 불쑥 떠오르는 통제할 수 없는 생각, 회상 장면, 특정 상황의 회피, 무감각해진 감정, 과각성 상태가 매일 반복해서 나타납니다. 한밤중에도 이런 감정 폭발이 생겨 수면을 방해하고 악몽을 유발합니다. 문제 증상들이 당신을 짜증나고 화나게 만들며, 혼자라고 느끼게 합니다. 과거가 단순히 과거가 되지 않고, 삶을 지옥처럼 느끼게 합니다! 만약 이 글이 당신을 표현한 것이라면, 이 책은 당신을 위한 것입니다.

트라우마, 스트레스, 그리고 외상 후 스트레스 장애

트라우마는 그것을 경험하는 사람에게 피해를 주는 갑작스럽고 강렬한 신체적이거나 감정적인 사건입니다. 트라우마는 일회성 사건일 수도 있고, 반복되는 사건일 수도 있습니다. 우리 모두는 트라우마 경험을 가지고 있습니다. 아동학대, 어린 시절의 괴롭힘, 질병, 사고, 가정 폭력, 강간, 상실, 자연 재해, 전쟁 등. 이런 경험들로부터 회복하는 각자의 능력은 다양합니다.

스트레스는 트라우마 사건이 신체와 감정의 자원을 고갈시켰다는 몸의 신호입니다. 가끔 과거 사건들로 인한 스트레스는 저절로 사라지기도 하지만, 많은 경우에 스트레스 증상은 결코 사라지지 않거나 나중에 다시 돌아옵니다. 때로는 극심한 공포, 무력감, 회피, 수면 문제, 초조함과 같은 스트레스 증상들은 질병으로 진단하기에 충분할 정도로 우리 삶을 붕괴시킵니다.

트라우마 피해자의 증상을 면밀하게 연구한 결과, 정신건강의학과 의사들은 외상 후 스트레스 장애(Post-traumatic stress disorder, PTSD)라는 진단 분류에 의견 일치를 보았습니다. 외상 후 스트레스 장애 증상은 대인관계나 직장, 또는 삶의 다른 중요한 영역에서 기능상 심각한 문제를 일으키며, 트라우마 사건 이후 적어도 한 달 이상 지속됩니다.

정신장애의 진단 및 통계 편람(DSM-IV-TR, APA 2000)을 요약하여 그 증상들을 간략하게 서술하였습니다.

- 일상생활을 방해할 만큼 계속 반복되는 트라우마의 재경험
- 트라우마와 관련된 생각, 감정, 사람, 장소, 활동, 또는 그 외 트라우마를 생각나게 하는 것을 피하며, 한동안 즐겨하던 것들에 대한 흥미를 잃고, 다른 사람과 단절된 느낌을 받으며, 사랑의 감정을 느낄 수 없고, 일반적인 삶을 살기를 기대하지 않는다.
- 수면 장애, 짜증, 분노 폭발, 집중의 어려움, 지나치게 경계하고 쉽게 놀란다.

당신의 심신을 스스로 치료할 수 있을까요

외상 후 스트레스 장애는 수백 권의 관련 서적과 그보다 더 많은 인터넷 웹 사이트가 있을 만큼 잘 연구되어 있습니다. 외상 후 스트레스 장애가 어떤 것인지, 무엇을 해야 하는지에 대한 정보는 이미 많아서 더 이상의 정보가 필요 없을 정도입니다. 그러면 또 하나의 책을 왜 썼을까요? 이 실용서는 트라우마를 겪은 후 당신의 심신(mind-body)이 스스로 회복하는 방법을 알고 있다는 사실에 바탕을 두고 있습니다. 급진적으로 들립니까? 하지만 사실입니다!

당신은 '내가 이런 엄청난 회복 능력을 가지고 있다면, 왜 아직도 이런 증상들이 있는 것일까?'라고 생각할 것입니다. 아마도 당신이 가진 의문 중 가장 중요한 질문일 것입니다. 최근의 뇌 연구와 지난 10년 동안의 의사, 심리학자, 사회복지사, 연구가들의 임상적 경험이 우리에게 답을 주었습니다. 동일성 시스템(I-system)이라고 부르는 우리 몸의 시스템이 과활성화될 때, 자연적인 자기 치유 과정은 중단됩니다. 이 책은 매일 간단한 연습을 통해 방해 요인을 인식하고 진정시켜서 자기 치유 과정을 회복하도록 당신을 돕습니다.

동일성 시스템

모든 사람은 활동적이거나 안정적인 동일성 시스템을 가지고 있습니다. 외상 후 스트레스 장애 증상이 있을 때, 동일성 시스템은 활성화됩니다. 잡념들로 인해 마음이 혼란스럽고, 몸이 긴장하고, 자각이 위축되고, 무엇인가를 하거나 생각하는 데 어려움이 있을 때, 동일성 시스템은 작동합니다. 잡념의 내용

과 그것이 야기하는 신체적 괴로움을 아무런 근거도 없이 동일시하기 때문에 동일성 시스템이라고 부릅니다. 동일성 시스템을 인지하는 것은 매우 중요합니다. 왜냐하면 이것이 활성화되면 신체의 자연적인 조절과 치유를 방해하기 때문입니다. 당신이 트라우마를 재경험할 때, 특정한 일상 상황을 회피하려고 할 때, 망연자실하고 과각성 상태일 때, 그것은 동일성 시스템이 작동하고 있기 때문입니다. 당신은 외상 후 스트레스 장애의 고통을 통해 세상을 바라보고 일상적인 삶을 삽니다. 이 책을 계속 읽으면 활성기와 안정기의 동일성 시스템에 대해 더 많은 것을 배우게 될 것입니다.

무엇이 심신 연결하기인가

심신 연결하기(Mind-Body Bridging)는 몸과 마음 모두를 사용하여 손상된 치유력을 스스로 회복하는 상태로 만듭니다. 이 책은 동일성 시스템을 안정시키는 심신 수련 기술을 제공합니다. 앞으로 당신이 직접 경험하겠지만, 이 기술은 여러분이 일상생활에서 사용하기 매우 쉬우며, 효과도 빠르게 나타납니다. 동일성 시스템을 직접적으로 안정시키는 기술을 익힌다면, 외상 후 스트레스 장애 증상을 자연스럽게 스스로 치료할 수 있게 된다는 사실을 환자들의 치료를 통해서 발견하였습니다. 심신 연결하기는 자기 치유력을 되찾게 해줍니다.

심신 연결하기의 뇌 과학

뇌 연구를 통해 서로 다른 기능을 하는 실행 네트워크(executive network)와 기본 상태 네트워크(default-mode network)라는 두 가지 네트워크를 발견하였습니다. 실행 네트워크는 우리가 세상을 어떻게 보고 생각하며, 어떤 선택을 하고, 어떻게 행동할지를 매 순간 관장합니다. 이것은 우리 삶의 방향과 관리를 책임집니다. 기본 상태 네트워크는 자기 자신과 자신의 경험을 침소봉대할 때 작동합니다. 이것이 작동할수록 우리는 더 힘든 시간을 보냅니다. 연구자들은 기본 상태 네트워크가 활동할 때는 실행 네트워크가 활동하지 않는다는 것을 발견하였습니다. 한 번에 하나의 네트워크만이 작동합니다.

 의사와 과학자들은 기능적 자기공명영상(fMRI)을 사용하여 뇌가 바쁘게 활동하는 동안 어떤 변화가 생기는지를 촬영할 수 있습니다. 숀 호는 동일성 시스템은 기본 상태 네트워크에 해당하고, 심신 연결하기는 실행 네트워크에 해당한다고 제안하였습니다. 기본 상태 네트워크가 과활성화되지 않을 때, 실행 네트워크가 주도권을 가지고, 당신이 최상의 상태로 기능할 수 있도록 당신의 마음을 조율한다는 것을 뇌 과학이 보여줍니다. 외상 후 스트레스 장애 증상이 계속되는 것은 동일성 시스템 때문입니다. 환자들을 치료한 경험을 통해서 우리는 심신 연결하기가 동일성 시스템을 진정시키고, 우리 스스로 외상을 치료할 수 있게 한다는 점을 발견하였습니다.

우리 뇌 속에 동일성 시스템, 즉 기본 상태 네트워크를 켜고 끌 수 있는 큰 스위치가 있다고 상상해 봅시다. 동일성 시스템이 켜질 때 실행 기능은 꺼집니다. 스위치가 꺼져 휴식 상태일 때 우리는 스스로를 치유하고 최고의 삶을 영위하게 됩니다.

심신 언어

우리는 간단한 용어, 즉 당신의 몸과 마음의 상태를 표현하는 이름표 같은 것을 사용하여 개인적 경험을 표현할 수 있는 심신 언어(mind-body language)를 소개할 것입니다. 이것은 심오한 심리학적 의미를 지니는 것은 아니지만, 외상 후 스트레스 장애 증상을 빠르게 경감시키고, 자기 치유의 여정을 시작할 수 있도록 도와주는 힘이 될 것입니다.

예컨대 인생은 가끔 지옥과 같습니다. 당신의 머리는 자기 혐오의 생각들로 가득 차 있고, 몸은 고통에 비명을 지르며, 당신은 이것을 없애 버릴 그 어떤 것도 가지고 있지 않습니다. 당신은 일상생활을 간신히 이어가고 있습니다. 이런 상태의 몸과 마음을 손상된 자기(damaged self)라고 합니다. 손상된 자기는 단지 부정적인 자아상만을 말하는 것이 아닙니다. 이것은 또한 신체의 모든 세포를 약화시킵니다. 이것은 과활성화된 동일성 시스템 때문이며, 상처, 질병, 외상, 힘들었던 어린 시절이나 유전자 때문에 발생하는 정신이나 신체의 기능 이상을 말하는 것은 아닙니다.

동일성 시스템을 진정시키기 위해 이 책에서 소개한 기술을 사용할 때, 당신의 삶은 자연스러운 조화와 균형의 상태가 될 것입니다. 이것이 당신의 참자기(true self)입니다. 이런 심신 상태에서 당신은 스스로를 치유합니다. 이 용어들의 간단한 정의는 부록을 참조하세요.

이 책은 모두에게 도움이 됩니다

이 책의 기술들은 스트레스, 트라우마, 외상 후 스트레스 장애의 극단적인 상황에서조차 효과적임이 증명되었습니다. 남자와 여자, 군인, 누구에게나 적용됩니다. 외상 후 스트레스 장애와 함께 다른 문제, 즉 뇌 손상, 통증, 불면증, 알코올 중독 또는 다른 정신질환을 가지고 있더라도 사용할 수 있습니다. 이 책의 가장 중요한 특징은 당신과 같은 일반 독자를 위해 만들어졌다는 것이고, 전적으로 당신의 연습에 달려 있습니다. 당신은 스스로를 치유할 수 있는 방법을 배울 것입니다.

이 책을 어떻게 사용할 것인가

이 책은 10개의 장으로 구성된 스스로 공부하는 과정입니다. 각 장은 매일 연습하면서 1주일 동안 완성하도록 구성하였습니다. 순서대로 연습하는 것이 중요합니다. 만약 하루를 빠졌다면, 그 장을 복습하고, 그 주에 했던 것을 돌아보고, 중단한 곳을 찾으세요. 당신이 배운 모든 기술을 이용하여 최신의 상태를 유지하는 것이 중요한데, 이는 다음날 배울 것을 위한 밑거름이 되기 때문입니다. 가끔 한 장을 마치는 데 1주 이상 걸릴 수도 있습니다. 성공적인 치유를 위한 열쇠는 일상생활에서 심신 연결하기 기술을 사용하는 것입니다. 최선을 다해 살지 않는다면 얻는 것은 없습니다.

각 장의 마지막에는 심신 연결하기 주간 평가 척도(Mind-Body Bridging Weekly Evaluation Scale)가 있어서 일상생활에서 수련의 진척을 평가해 볼 수 있습니다. 치유에는 시간이 걸립니다. 당신은 배우고, 자신의 속도로 스스로 치유할 것입니다. 만약 특정 영역에서 낮은 점수를 받았다면, 관련된 부분을 복습하세요. 매주 평가하는 척도에서 좋은 점수를 받고 있다면, 당신의 삶이 바뀌고 있다는 의미입니다. 또한 이 책에는 당신이 회복되는 과정을 보기 위해 3개의 심신 연결하기 삶의 질 척도(MBB Quality of Life Scale)가 있습니다.

외상 후 스트레스 장애의
자기발견과 자기치유

제1장에서는 간단한 두 가지 연습으로 시작합니다. 설명을 잘 따라 하면, 이 기술들이 얼마나 빠르고, 제대로 작동하는지를 보게 될 것입니다. 몇 쪽만 지나도 트라우마 치료 전문가가 지금 이 순간 바로 옆에 있는 것처럼 느껴질 것입니다. 연습을 통해 당신에게 자신을 스스로 치료할 수 있는 능력이 있다는 사실을 깨달은 후, 10주간 매일 연습하는 여정을 시작할 것입니다. 첫 주가 지나면, 일상 활동을 통해 당신의 삶이 개선될 수 있다는 점을 알게 될 것입니다.

1. 지금 당신을 괴롭히는 문제들에 대해 생각해 보고, 아래 타원 안에 적어 봅시다. 다음 쪽의 예시 지도를 보면 도움이 될 것입니다. 그리고 나서 몇 분간 당신의 문제에 대해 마음속에 떠오르는 생각은 무엇이든, 타원 주위에 두루두루 적어 보세요. 가능한 구체적으로 쓰고, 생각을 정리해서 쓰지 말고 떠오르는 그대로 빠르게 적어 보세요.

문제 지도

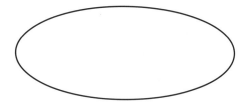

가. 당신의 마음은 복잡합니까, 아니면 명료합니까?

_____

나. 당신의 몸은 긴장되어 있습니까, 아니면 이완되어 있습니까? 몸이 긴장되어 있다면, 어디가 어떻게 긴장되어 있는지 적어 보세요.

_____

다. 몸과 마음이 이런 상태일 때 당신은 어떻게 행동합니까?

_____

지도에서 볼 수 있듯이, 당신은 이런 문제들이 인생의 모든 어려움을 만들어 내는 것이라고 믿고 있습니다. 하지만 아닙니다! 당신은 단지 자신의 동일성 시스템을 경험한 것뿐입니다. 동일성 시스템은 당신의 생각을 지배하고, 마음을 혼란스럽게 하고, 몸을 긴장시키고, 행동에 영향을 줍니다. 다음 단계의 지도에서 동일성 시스템을 어떻게 조절하는지를 배우게 될 것입니다.

세상이 이렇게 되어서는 안 된다.

아무도 고맙다는 말을 하지 않는다.

그들이 나를 화나게 만든다.

우울하다.

사람들은 무례하다.

사람들은 세치기를 한다.

사람들은 더 이상 서로 돕지 않는다.

잭은 나를 존중하지 않는다.

가. 당신의 마음은 복잡합니까, 아니면 명료합니까?

내가 잊고 싶은 사람에 대한 생각들로 인해 마음이 다소 혼란스럽다.

나. 당신의 몸은 긴장되어 있습니까, 아니면 이완되어 있습니까? 몸이 긴장되어 있다면, 어디가 어떻게 긴장되어 있는지 적어 보세요.

어깨가 뭉치고, 머리에 띠를 두른 듯한 통증이 있고 배가 아프고 전반적으로 아주 긴장된다.

다. 몸과 마음이 이런 상태일 때 당신은 어떻게 행동합니까?

짜증남, 화남. 누군가를 때려 주고 싶은 마음을 억제하고 있다.

2. 다음 단계 연습은 동일성 시스템을 어떻게 안정시키는지를 보여주기 때문에, 당신의 인생을 완전히 바꿀 수 있습니다. 이런 중요한 활동을 위해서는 라디오, 텔레비전, 사람들과의 대화처럼 집중을 방해하는 요소가 없는 방에서 하는 것이 도움이 됩니다. 아래 타원에 첫 번째 지도에 적었던 것과 동일한 문제를 적으세요. 편안히 앉아서 주위에서 들려오는 소리를 듣고, 앉아 있는 당신 몸의 압력을 느끼고, 바닥에 닿은 발의 감각을 느끼고, 손에 쥐고 있는 펜을 느껴 보세요. 만약 생각이 떠오르면, 천천히 주위 소리에 귀를 기울이고, 감각으로 돌아오세요. 안정되었다고 느끼면, 그 문제에 대해 무엇이든지 생각나는 대로 적어 보세요. 잉크가 종이에 스며드는 것을 지켜보고, 손에 있는 펜을 느끼며, 주위 소리에 귀를 기울이세요. 3~4분간 적어 보세요.

심신 연결하기를 사용한 문제 지도

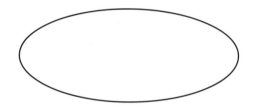

가. 당신의 마음은 복잡합니까, 아니면 명료합니까?

_____

나. 당신의 몸은 긴장되어 있습니까, 아니면 이완되어 있습니까?

_____

다. 처음 작성한 지도와 어떻게 다른가요?

_____

라. 이제 당신의 문제가 좀 더 분명해졌나요? 예 _____ 아니요 _____

마. 만약 당신이 지금과 같은 심신 상태로 생활할 수 있다면, 자기치유력이 강화된다고 생각하나요?
    예 _____ 아니요 _____

첫 번째 연습은 소위 심신 지도 작성하기(mind-body mapping)라는 활동입니다. 심신 지도는 낙서처럼 몇 분 안에 짧게 글 쓰는 연습으로서, 생각과 몸의 긴장 정도에 대해 몇 장의 사진을 찍는 것과 같은 역할을 합니다. 첫 번째 지도는 동일성 시스템의 활동 정도를 알아보도록 해주며, 두 번째 지도는 동일성 시스템이 고요할 때의 효과를 경험하게 해줍니다.

두 가지 완성된 지도의 차이점을 살펴봅시다. 손가락의 베인 상처가 자연적으로 회복되듯이 동일성 시스템의 정신적·신체적 동요가 진정되면, 외상 후 스트레스 장애는 자연스럽게 회복될 것입니다. 칼, 톱, 유리, 도끼 등 당신에게 상처를 준 것이 무엇이든지 간에 신체의 임무는 회복하는 것입니다. 두 번째 지도에서 동일성 시스템을 진정시키는 것이 어떤 것인지 직접 보았습니다. 당신이 신체 감각과 주변의 소리에 집중함으로써 말 그대로 당신의 감각으로 돌아올 때, 동일성 시스템이 진정되고, 당신의 문제를 더 잘 다룰 수 있게 된다는 것을 보았습니다. 당신은 이 책을 통해 동일성 시스템을 진정시키는 심신 연결하기 기술을 배울 것입니다. 심신 연결하기는 몸과 마음을 사용하여 손상된 자기를 치유적이고 정상적으로 기능하는 참자기로 변화시킵니다. 정상적인 기능이란 동일성 시스템이 안정되었을 때, 당신이 세상을 어떻게 생각하고 느끼고 보고 행동하는지를 말합니다.

오늘 만들었던 두 가지 지도에서 배운 것을 이번 한 주 동안 일상생활에서 사용해 봅시다. 이 책의 가장 중요한 부분은 당신이 직접 연습하는 것입니다. 연습할 때마다 도구 상자에는 더 많은 도구가 생길 것입니다. 책에 있는 그대로 연습하는 것이 중요합니다. 이것은 트라우마나 외상 후 스트레스 장애 증상을 성공적으로 줄이는 탄탄한 토대가 될 것입니다. 향후 결과는 오로지 배운 것을 일상생활에 적용하는 능력에 달려 있습니다. 당신 자신을 치료하는 능력은 저절로 커집니다. 베인 손가락을 낫게 하기 위해 별다른 노력을 하지 않는 것처럼, 스스로를 치료하기 위해 노력하지 않아도 됩니다. 단지 동일성 시스템을 고요하게 만드는 방법을 배우기만 하면, 회복은 자연스럽게 따라올 것입니다.

첫 회기를 마친 후, 외상 후 스트레스 장애로 고생하는 많은 사람들이 "나는 여전히 증상이 있지만, 내 집은 점점 더 커지고 있다."라고 말합니다. 집이 커진다는 비유는 심신 연결하기가 어떻게 작동하는지를 정확하게 나타내는 것입니다. 두 번째 지도를 작성할 때처럼 동일성 시스템을 고요하게 만들면, 당신은 자동적으로 더욱 안정된 상태가 되고, 문제를 다루는 능력은 더욱 커집니다(그림 1.1 참조). 문제나 증상의 크기는 변하지 않았음을 명심하세요. 외상 후 스트레스 장애로 고통받는 사람들은 증상으로 가득 찬 작은 그릇이 그들 자신의 전부라고 믿습니다. 그들은 정신적·신체적 고통 때문에 제한된 삶을 살아왔습니다. 그저 동일성 시스템을 고요하게 만들기만 하면, 당신의 그릇은 확대됩니다. 삶의 공간, 회복의 공간, 문제 해결의 공간이 심신 연결하기를 통해 확장되고, 자연 치유 상태를 되찾을 수 있습니다.

책에 있는 그대로 연습하는 것이 중요합니다. 이것은 트라우마나 외상 후 스트레스 장애 증상을 성공적으로 줄이는 탄탄한 토대가 될 것입니다.

오늘 연습을 마칠 때, 첫 번째 심신 연결하기 삶의 질 척도(MBB Quality of Life Scale)를 작성하세요. 책 곳곳에 이 척도를 배치하여 당신의 발전을 객관적으로 기록하고, 당신 삶이 변하는 경험을 체계적으로 추적할 수 있도록 하였습니다.

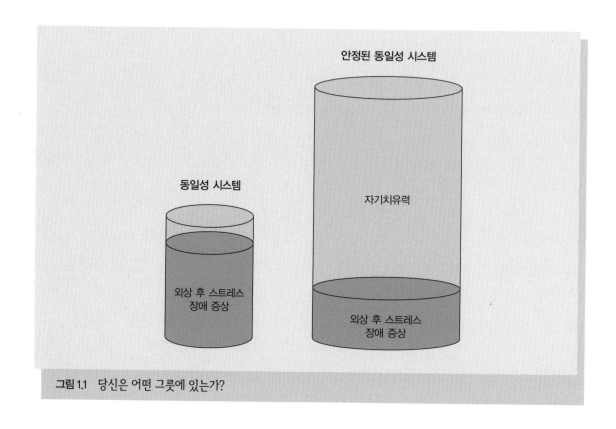

그림 1.1   당신은 어떤 그릇에 있는가?

앞서 언급했듯이 외상 후 스트레스 장애 증상과 함께 살아갈 때, 우리는 자신을 작은 그릇처럼 봅니다. 다른 것을 위한 공간(밝은 영역)은 별로 없으며, 증상(어두운 영역)으로 채워진 작은 그릇이 우리가 가진 전부라고 잘못 믿고 있습니다. 우리가 그렇게 생각하도록 만드는 것이 과활성화된 동일성 시스템입니다.

동일성 시스템이 안정될 때 우리는 자동적으로 큰 그릇으로 확장됩니다. 밝은 영역은 우리의 생활 공간, 문제 해결 공간, 회복 공간을 대변합니다. 당신이 극복해야 할 부분의 크기는 변하지 않지만, 그릇의 크기는 변합니다. 당신이 심신 연결하기 기술을 이용하여 동일성 시스템을 고요하게 만듦에 따라 커진 그릇의 밝은 영역이 확장될 것이며, 치유가 이루어질 수 있는 상태로 만들어 줄 것입니다.

심신 연결하기 삶의 질 척도

날짜 : _____

첫 번째 심신 연결하기 삶의 질 척도(MBB Quality of Life Scale)를 작성하세요. 책 곳곳에 이 척도를 배치하여 당신의 발전을 객관적으로 기록하고, 당신 삶이 변하는 경험을 체계적으로 추적할 수 있도록 하였습니다.

당신은 지난 7일 동안 아래 영역에서 어땠나요?

아래 질문을 읽고 해당하는 번호에 동그라미 하세요.	전혀 없음	며칠 동안	절반 이상	거의 매일
1. 나는 무엇인가를 하는 것에 흥미를 느꼈다.	0	1	3	5
2. 나는 낙관적이며, 신나고, 희망적이었다.	0	1	3	5
3. 나는 잘 잤으며, 개운하게 일어났다.	0	1	3	5
4. 나는 에너지가 넘쳤다.	0	1	3	5
5. 나는 과제에 집중하고, 자기훈련을 할 수 있었다.	0	1	3	5
6. 나는 건강하며, 잘 먹고, 운동하고, 즐겁게 지냈다.	0	1	3	5
7. 나는 가족과 친구와의 관계에 대해 만족한다.	0	1	3	5
8. 나는 집, 직장, 학교에서의 성취에 만족한다.	0	1	3	5
9. 현재 나의 경제적 상황이 안정적이다.	0	1	3	5
10. 나는 내 인생의 영적 토대에 만족한다.	0	1	3	5
11. 나는 내 인생의 방향에 만족한다.	0	1	3	5
12. 나는 마음의 평온과 안녕감으로 충만하다.	0	1	3	5

세부 합계 :   _____   _____   _____   _____

총점 : _____

첫날 당신이 감각에 집중함에 따라 신체는 차분해지고, 정신은 명료해지기 시작하였을 것입니다. 아마 한동안 지속되기도 하고, 금방 끝나기도 할 것입니다. 당신이 두 번째 지도를 만들었을 때, 주위에서 들려오는 소리를 듣고, 펜의 감각을 느끼고, 잉크가 종이에 스며드는 걸 볼 수 없게 방해하는 것은 무엇이었나요? 그렇습니다. 바로 당신의 생각입니다. 당신의 마음은 긍정적이고 부정적인 생각들을 저절로 만들어 냅니다. 당신은 부정적인 생각들을 절대로 없앨 수 없습니다. 사실 그것들을 없애려고 하면 할수록 상황은 더욱 악화됩니다. 당신이 부정적인 생각들을 밀어 버리려 하면 오히려 그것에 힘을 실어 주는 것입니다. 동일성 시스템은 부정적인 생각을 붙잡고, 몸을 긴장시키고, 감각으로부터 당신을 고립시킵니다.

생각이 떠오르면, 생각에 **이름붙이기**(thought labeling)라는 심신 연결하기 기술을 사용하면 도움이 됩니다. 예를 들어 당신이 샤워를 하고 있을 때 '오늘 하루도 엉망이겠지.'라는 생각이 불쑥 떠오르면, 자기 자신에게 "'오늘 하루도 엉망이겠지.'라는 생각을 하고 있구나."라고 말하고, 샤워를 계속하세요. 그리고 당신의 몸에 물이 닿는 감각을 느끼고, 샤워기의 물소리를 느껴 보세요. 생각에 이름붙이기는 당신에게 생각은 단지 생각일 뿐이라는 점을 알게 해줍니다. 이것은 마음을 어지럽히고, 몸에 고통을 주고, 감각을 무뎌지게 만드는 얽히고설킨 생각들로부터 동일성 시스템의 활동을 막아 줍니다. 당신은 이제 부정적인 생각의 악순환을 끊을 수 있습니다. 예를 들어 위기로 점철된 삶을 살아온 30세 여성은 "예전에는 샤워가 나의 위기들을 곱씹어 보는 시간이었지만, 지금은 내가 차분해지는 시간이 되었습니다. 남편은 우리의 아침이 극적으로 좋아졌다고 말합니다."라고 이야기하였습니다.

하루 동안 당신이 하고 있는 일을 방해하는 생각이 들 때마다, 그 생각에 이름붙이기를 하고 다시 활동으로 돌아가세요.

당신은 무엇을 알게 되었나요?

_____

_____

_____

_____

_____

주위의 소리를 알아차리는 것은 이 책에서 배울 심신 자각 훈련(bridging awareness practices) 중 하나입니다. 이 훈련을 통해 당신은 외상 후 스트레스 장애 증상으로 가득 차 있던 삶(손상된 자기)에서 최고의 삶(참자기)으로 다리를 놓는 것입니다. 다리를 놓는 것은 당신이 생각하는 것보다 훨씬 쉽습니다.

1. 당신 주위에는 많은 소리가 있습니다. 하루를 보내는 동안 잠시 멈추고, 주위에서 들려오는 소리를 들어 보세요. 난방기나 냉방기의 소음, 나무 사이로 불어오는 바람소리, 냉장고나 컴퓨터의 웅웅거리는 소리 등. 만약 생각이 맴돌기 시작하면 당신이 하고 있던 것으로 조용히 주의를 되돌리세요. 주위에서 들려오는 소리에 집중하는 동안 당신의 몸과 마음에서 무엇이 일어나는지 보세요. 마음이 차분해졌나요? 몸이 좀 더 편안해졌나요? 무슨 일이 일어났나요?

　동일성 시스템이 작동하면, 마음이 어수선하고 몸이 긴장되었음을 당신이 알아차릴 때까지 당신의 감각을 차단시킵니다. 이것은 소리를 차단하기 위해 손으로 귀를 막는 것과 같습니다. 동일성 시스템은 항상 존재하는 주위의 소리를 듣지 못하게 할 뿐만 아니라, 언제나 존재하는 회복능력을 경험하지 못하게 합니다. 당신이 감각을 이용하면 동일성 시스템은 진정되고, 마음은 편안해지며, 몸은 이완되어 문제를 잘 다룰 수 있게 되어 트라우마에서 치유될 수 있습니다. 예를 들어 엄습하는 괴로운 기억들과 신체 긴장으로 가득 찬 인생을 사는 25세 남성은 "나는 선풍기에 대해서는 잘 모르지만 그 소리를 들을 때 긴장이 풀립니다."라고 이야기하였습니다.

2. 대부분의 사람들에게 운전은 스트레스가 될 수 있습니다. 특히 교통체증, 계속되는 도로공사, 난폭 운전자가 있는 경우 더욱 그렇습니다. 운전할 때 라디오, 음악, 휴대전화는 꺼두세요. 핸들의 느낌을 느끼고, 엔진 소리를 듣고, 엔진의 진동을 느끼며, 주변 풍경을 보고, 길에 집중할 때 몸의 긴장이 어떻게 변하는지를 살펴보세요.

   오늘 운전이 어땠나요?

   _____

   _____

   _____

   _____

   많은 사람들은 이 훈련이 자신들의 생명을 구했다고 이야기합니다.

3. 오늘 밤 잠들 때 주위에서 들려오는 소리에 귀를 기울여 보세요. 손가락으로 이불을 만지고 느껴 보세요. 눈을 감고 어둠을 보세요. 조급해 하지 말고 감각으로 다시 돌아오세요. 복잡한 머리로는 절대로 복잡한 머리를 진정시킬 수 없습니다. 한밤중에 깨어났다면 생각에 이름붙이기를 하세요. 예를 들어 "나는 '이것은 악몽이야.'라고 생각하고 있어." 또는 "나는 '다시 잠들 수 없을 거야.'라고 생각하고 있어." 그런 후에 다시 감각으로 돌아가 보세요. 오늘 밤 훈련이 당신의 행복에 필수적인 요소입니다.

   관찰 :

   _____

   _____

   _____

   _____

   만성적이고 심각한 수면 장애가 있었던 한 베트남 참전군인은 "나는 침실바닥에서 자는 늙은 로트바일러와 침대에서 자는 어린 머트, 두 마리의 개를 기릅니다. 나는 요즘 늙은 개의 코고는 소리를 듣고, 어린 개의 부드러운 털을 느낍니다. 지난 20년 동안 이렇게 숙면을 취해 본 적이 없었습니다."라고 이야기하였습니다.

   당신은 심신 자각 훈련을 발전시키고 있습니다. 어제 했던 연습을 계속 사용해야 한다는 것을 기억하세요.

당신은 오늘 수백 가지 것을 만졌습니다. 신발, 양말, 셔츠, 열쇠, 젓가락, 시계, 종이 또는 컴퓨터를 만졌을 때 당신의 손끝에 어떤 느낌이 들었는지 알아차렸나요? 자녀나 친구를 만졌을 때의 감각을 알아차렸나요? 손에 쥔 커피잔이나 물컵의 감각을 느꼈나요? 아마 당신은 하지 않았을 것입니다. 당신의 동일성 시스템이 몸을 둔하게 만들었고, 감각으로부터 당신을 분리시켰습니다. 촉각에 집중하는 것은 또 다른 심신 자각 훈련이며, 동일성 시스템을 진정시킵니다.

하루 동안 당신이 유리잔, 전화기, 볼펜, 컴퓨터, 그 외 다른 물건을 만질 때 손가락 끝의 감각을 알아차리세요. 당신이 손을 씻거나 샤워를 할 때 물이 피부에 닿는 것을 느껴 보세요. 내가 다른 사람을 만지거나 다른 사람이 나를 만지는 것이 어떤지 느껴 보세요. 외상 후 스트레스 장애가 있는 45세 남자는 "직장에서 상사의 방으로 가는 길은 언제나 지옥 같았습니다. 그러나 지금은 바닥에 닿는 발의 감각을 느끼고 발자국 소리를 듣습니다. 여전히 즐겁지는 않지만 완전히 새로운 경험입니다. 심지어 상사는 나에게 무슨 일이 있냐고 물어보기까지 합니다."라고 이야기하였습니다.

당신이 하루 동안 무엇을 만졌고, 얼마나 자주 만졌으며, 당신이 느낀 감각은 어떠했는지를 적어 보세요. 당신이 만지는 것을 알아차렸을 때, 좀 더 안정되는 것을 느꼈나요? 어떤 일이 일어났나요?

_____

_____

_____

_____

한 대학생은 다음과 같은 경험을 이야기하였습니다. "나는 등록금을 벌기 위해 청소를 합니다. 나는 늘 피곤하고 화가 나 있었습니다. 그러나 지금은 청소를 할 때 손에 있는 청소기를 느끼고, 세제 냄새를 맡으며, 물이 배수구로 흘러가는 것을 봅니다. 이제는 기분을 좋게 하기 위해 달리기를 하거나 산에 오르지 않아도 됩니다."

당신은 여전히 심신 자각 훈련을 발전시키고 있습니다. 어제 했던 훈련을 계속 사용해야 한다는 것을 기억하세요.

다음 심신 자각 훈련은 시각을 이용하는 것인데, 사실상 좀 어렵습니다. 동일성 시스템은 우리가 특정 이미지는 가지면서 다른 것은 거부하도록 만듭니다. 당신이 하나 이상의 감각을 사용하면 동일성 시스템은 진정됩니다. 우리가 감각으로 돌아올 때 인식은 확장되고, 외부의 것을 실제로 보게 됩니다. 당신이 해돋이를 보거나 심지어 바닥에 있는 먼지덩이를 볼 때 당신의 바쁜 머리는 그것의 색깔, 모양 특이성을 보도록 내버려 두나요? 아마 오래가지 않을 것입니다. 당신의 식사를 한번 봅시다. 당신 앞에 음식이 놓여 있을 때 먹기 전에 그것을 한번 바라보세요. 어떤 질감인가요? 어떤 모양인가요? 어떤 색깔인가요?

당신은 다른 사람의 얼굴 특징을 얼마나 자주 살펴보나요? 불같이 화를 잘 내는 한 남자는 다음과 같은 이야기를 하였습니다. "아내가 나를 비난하려고 큰소리로 이야기할 때 나는 이성을 잃었습니다. 그러나 지금은 그녀의 얼굴을 바라보고, 입술이 움직이는 것을 보고, 표정을 알아차립니다. 왠지 모르게 그녀에게 가까워졌다고 느낍니다. 심지어는 그녀의 카랑카랑한 목소리가 달콤하게 느껴지기 시작했습니다."

당신이 풍경이나 사물을 바라볼 때 무엇을 보았는지에 주목해 보세요. 그것의 색깔, 형태, 종류를 알아차리세요. 그것이 무엇인지를 정말로 보게 된다면 동일성 시스템은 안정됩니다. 타인의 얼굴 표정을 관찰해 봅시다. 만약 생각이 떠오르면 '단지 생각으로만' 그것에 이름붙이기를 하세요. 그리고 자연스럽게 당신이 원래 하던 일로 돌아가세요.

관찰 :

_____

_____

_____

_____

_____

_____

당신은 계속해서 심신 자각 훈련을 발전시키고 있습니다. 어제 했던 훈련을 계속 사용해야 한다는 것을 기억하세요.

오늘 하루를 보내는 동안 심신 자각 훈련(감각으로 돌아가기)을 사용하여 스트레스를 날려 버리고, 집중하고 편안한 상태를 유지해 보세요. 생각들이 활동을 방해하면 생각에 이름붙이기를 하세요. 한 아프카니스탄 참전군인은 자신의 경험담을 이야기해 주었습니다. 그녀는 직장 동료가 너무 많이 쉬거나, 말을 너무 많이 하거나, 너무 느리게 움직인다고 여겨질 때마다 화가 나고 짜증이 났습니다. 그녀는 두 번이나 직장을 그만두었고, 지금 하는 일도 그만두려고 할 즈음에 심신 연결하기를 배우러 왔습니다. 이제 그녀는 '동료가 너무 오랫동안 쉰다.'라는 생각을 알아차리면 "나는 '동료가 너무 오랫동안 쉰다.'라고 생각하고 있다."라고 혼잣말을 하면서 생각에 이름붙이기를 합니다. 그러고 나서 그녀는 자신의 감각을 사용해서 신발 속에 있는 발을 느끼고, 동료의 움직임을 바라보고, 냉방기 소리를 듣습니다. 그녀의 몸은 이완되고, 간호사로서의 자신의 일을 계속 수행합니다. 직장 동료에 대해서는 여전히 실망감을 가지고 있지만, 더 이상 짜증내거나 분노하지 않습니다.

　오늘 당신에게 있었던 스트레스 상황을 적어 보세요. 어떤 훈련을 하였나요? 생각에 이름붙이기는 사용했나요? 어떤 변화가 있었나요?

스트레스	알아차리기 훈련	생각에 이름붙이기	어떤 변화가 있었나

　당신은 여전히 심신 자각 훈련을 발전시키고 있습니다. 어제 했던 훈련을 계속 사용해야 한다는 것을 기억하세요.

이 과제들은 단지 연습이 아닙니다. 그것은 일상생활입니다. "주위에서 들려오는 소리에 귀를 기울이고, 바닥에 닿는 발의 감각을 느끼고, 내가 만지는 것을 알아차리는 것이 정말 외상 후 스트레스 장애 증상에 도움이 될까? 이렇게 쉽게 될까?"라고 스스로에게 의문을 던질 수 있습니다. 만약 당신이 연습을 계속 활용한다면 당신 몸의 모든 세포가 "그래."라고 환호할 것입니다.

어느 비 오는 저녁, 오랫동안 외상 후 스트레스 장애를 겪어 온 베트남 참전군인 제프는 손자를 돌보고 있었습니다. 그는 아버지에게 심각한 심장마비가 생겨서 지금 바로 병원으로 와 달라는 급한 연락을 받았습니다. 제프는 폭우 속에서 운전하는 것을 매우 싫어합니다. 밤에는 더욱 심한데, 베트남의 집중호우가 생각나기 때문입니다. 다른 선택이 없음을 깨닫고, 그는 손자를 차에 태우고 운전하기 시작했습니다. 그의 마음은 이런저런 생각들로 복잡해지기 시작했고, 숨쉬기 곤란할 정도로 가슴이 답답했습니다. 심신 연결하기 훈련을 사용하여 손에 쥔 핸들의 감각을 느끼기 시작하면서 손의 긴장이 풀렸습니다. 엔진 소리에 귀를 기울이고, 도로의 진동을 느끼고, 길에 집중했습니다. 도착할 즈음에는 빗소리조차 그를 초조하게 만들지 못했습니다. 그는 "심신 자각 훈련은 나와 손자의 생명을 구했어요."라고 말했습니다.

일상생활에서 심신 자각 훈련과 생각에 이름붙이기를 모두 사용하세요. 하루 종일 당신의 활동에 주의를 기울이세요. 예를 들어 땅에 닿는 발을 느끼고, 컴퓨터 자판을 누르는 손가락을 느끼고, 컴퓨터의 웅웅거리는 소리를 듣고, 앉을 때 등 뒤의 압력을 느끼고, 손에 쥔 젓가락을 느끼고, 음식을 보고, 빗자루로 바닥을 쓸 때 먼지가 어떻게 움직이는지 알아차리세요.

그런 다음 당신이 사용한 심신 자각 훈련을 적고, 언제 효과가 있었는지 또는 효과가 없었는지를 적어 보세요.

1. 어떤 심신 자각 훈련을 사용했나요? 구체적으로 적어 보세요.

_____

_____

_____

_____

_____

2. 심신 자각 훈련이 언제 효과가 있었나요?

_____

_____

_____

_____

_____

3. 심신 자각 훈련이 언제 효과가 없었나요?

_____

_____

_____

_____

_____

4. 당신이 동일성 시스템을 잠재워 '귀를 막지 않을' 수 있을 때, 하루를 보내고 증상을 다루기가 조금
   더 쉬웠나요? 어땠습니까?

_____

_____

_____

_____

당신은 여전히 심신 자각 훈련을 발전시키고 있습니다. 어제 했던 훈련을 계속 사용해야 한다는 것을 기억하세요.

다음에 나오는 척도는 당신이 일상생활에서 이번 주 활동을 얼마나 잘 사용했는지를 볼 수 있게 해 줍니다.

심신 연결하기 주간 평가 척도
외상 후 스트레스 장애의 자기발견과 자기치유

날짜 : _____

지난 한 주 동안 훈련이 어땠나요? 당신에게 가장 잘 맞는 곳에 체크(✓)하세요.

얼마나 자주……	거의 없음	가끔	보통	거의 항상
주위의 소리를 들었습니까?	___	___	___	___
물병, 커피잔, 차가운 물잔이나 탄산음료 캔을 손에 쥘 때 손가락의 감각을 느꼈습니까?	___	___	___	___
무엇인가를 만질 때 손가락의 감각을 느꼈습니까?	___	___	___	___
걸을 때 발바닥의 압력을 느꼈습니까?	___	___	___	___
앉을 때 등 뒤의 압력을 느꼈습니까?	___	___	___	___
핸들의 감각을 느끼고, 자동차 엔진 소리를 듣고, 운전하는 동안 길에 집중했습니까?	___	___	___	___
배수구로 내려가는 물소리를 듣고, 샤워하거나 손을 씻을 때, 물이 몸에 닿는 감각을 느꼈습니까?	___	___	___	___
침구 정리, 식사, 양치질 등 일상 활동을 민감하게 알아차리게 되었습니까?	___	___	___	___
다른 사람을 만질 때 당신의 신체 감각을 알아차리게 되었습니까?	___	___	___	___
타인의 얼굴 표정을 민감하게 알아차리게 되었습니까?	___	___	___	___
가정과 직장에서 집중하고 평온한 상태를 유지하기 위해 연결하기 훈련을 사용했습니까?	___	___	___	___
수면에 도움이 되게 연결하기 훈련을 사용했습니까?	___	___	___	___
스트레스를 날려 버리거나 고통을 없애기 위해 연결하기 훈련을 사용했습니까?	___	___	___	___
당신은 자신이 가지고 있는 치유, 선량함, 지혜의 원천과 연결되어 있음을 느꼈습니까?	___	___	___	___

당신이 심신 연결하기 훈련을 시작한 이후, 당신의 삶에 관해 새롭게 알게 된 두 가지를 적어 보세요.

_____

제2장

당신의 긴장을 녹여
매일의 삶을 향상시켜라

당신은 우리가 당신에게 가장 힘든 외상 후 스트레스 장애 증상에 초점을 맞추거나, 당신의 트라우마 경험에 대해 얘기하지 않았다는 것을 알아차렸을 것입니다. 당신이 겪은 트라우마의 중요성을 평가절하하는 것은 아닙니다. 그것이 당신 삶의 모든 측면에 영향을 준다는 것도 알고 있습니다. 그러나 지금은 당신의 외상 후 스트레스 장애가 지속되도록 만드는 동일성 시스템의 역할에 초점을 맞춰 봅시다. 진실은 바로 지금 여기에 있습니다. 동일성 시스템이 안정될 때, 당신은 외상 후 스트레스 장애로부터 자기 자신을 치유하고 있는 것입니다.

제1장에서 우리는 기본적인 기술(심신 자각 훈련)과 생각에 이름붙이기에 초점을 맞추었고, 당신은 감각을 사용하고 생각에 이름붙이기를 함으로써, 당신 자신과 당신을 둘러싸고 있는 세상에 대한 새로운 정보를 얻게 된다는 것을 배웠습니다. 과활성화된 동일성 시스템을 잠재우기 위한 여러 기술을 배웠습니다. 이 장에서는 동일성 시스템이 활성화되는 것을 막아 주는 기술을 배울 것입니다. 당신은 반응적 상태(reactive state)(어떤 상황에서 습관적으로 행동하는 상태 : 역자 주)에서 주도적 상태(proactive state)(앞을 내다보고 행동하는 상태 : 역자 주)로 변하게 될 것입니다.

이제 동일성 시스템이 어떻게 작동하는가에 대해 얘기해 봅시다. 서로 다른 많은 시스템이 몸을 조절합니다. 예를 들어, 우리 신체는 체온을 섭씨 36.5℃로 유지하는 온도 조절 시스템이 있습니다. 만약 체온이 올라가면 땀을 흘리고, 체온이 내려가면 떨게 되는데, 이것은 마치 우리의 시스템이 체온을 정상으로 되돌려 놓으려고 노력하는 것과 같습니다. 마찬가지로 우리 모두는 동일성 시스템을 가지고 있습니다. 그것은 온도 조절 시스템과 비슷하게 작동하지만, 이상적인 온도 대신에 동일성 시스템은 세상이 어떠해야 하는지에 대한 '이상적인 그림'을 가지고 있습니다. 매 순간 두 시스템 모두, 그들의 요구(requirements)를 충족시키고 있는지를 감지합니다. 온도 조절 시스템의 요구가 충족되지 않으면, 떨거나 땀을 흘리게 됩니다. 동일성 시스템의 요구가 충족되지 않을 때, 신체 긴장, 복잡한 마음, 해야 하는 것을 하지 못하는 등의 어려움을 느끼게 됩니다.

동일성 시스템의 자연스러운 상태는 비활성입니다. 그것은 단지 요구에 의해서만 활성화됩니다. 요구(requirements)란 당신과 세상이 어느 순간에 어떠해야 하는지에 대해 동일성 시스템이 가지고 있는 규칙(예 : 내 배우자는 이해심이 더 많아야 한다, 시속 70km 구간에서 시속 40km로 주행하면 안 된다.)입니다. 일상 사건이 당신에게 부정적 영향을 끼치는 것을 막는 첫 번째 단계가 동일성 시스템의 요구를 알아차리는 것입니다. 어떤 생각이라도 그것이 동일성 시스템을 작동하게 만든다면 요구가 될 수 있습니다. 예를 들면 '비가 내리지 말아야 한다.'는 것은 하나의 생각이지만, 동일성 시스템이 이것을 요구로 만들면, 그 생각은 등이 뭉치는 것 같은 몸의 긴장을 만들게 되고, 철벅거리던 베트남 전쟁터의 기억들을 떠올리게 할 수 있습니다. 생각을 요구로 만드는 것은 생각의 내용이 아니라, 그 생각으로 인해 무엇이 일어나느냐 하는 것입니다. 동일성 시스템이 생각을 요구로 만들 때, 그 생각은 연관된 기억과 몸의 긴장을 불러일으킵니다. 당신은 그런 필터를 통해 비를 경험하고 과거의 삶을 다시 겪게 됩니다. 동일성 시스템이 안정되어 있고 생각을 요구로 만들지 않을 때, 마음은 명료해지고 몸은 이완됩니다. 당신은 그 비를 그냥 비로 보게 되고, 단지 또 다른 비 오는 날로 생각하게 됩니다.

결정적인 요소는 동일성 시스템의 작동 여부입니다. 예를 들어 운전하고 있을 때, 누군가가 무모하게 당신 차 앞으로 끼어든다고 합시다. 당신은 '저 사람이 어떻게 내 앞으로 끼어들 수 있지? 조금 더 조심했어야지. 너무 무모해.'라고 생각할 수 있습니다. 당신은 손으로 핸들을 꽉 쥐고, 더 빠르게 호흡하고, 얼굴을 붉히면서, 어깨를 추켜올릴 것입니다. '어느 누구도 무모하게 내 앞을 끼어들 수 없어.'라는 요구에 의해 유발되는 활성화된 동일성 시스템의 숨길 수 없는 징후가 나타나게 됩니다. 모든 사람은 다른 사람들이 안전하게 운전해야 한다고 생각합니다. 동일성 시스템이 '누구도 무모하게 내 앞을 끼어들 수 없어.'라는 당신의 생각을 지배하게 되면, 이것은 요구가 됩니다. 당신의 혈압과 스트레스 수준은 올라가고, 안전하게 운전하는 당신의 능력은 떨어집니다. 그 부주의한 운전자가 고속도로를 벗어난 후에도 당신의 마음은 여전히 이런저런 생각들로 복잡해져 있고, 몸은 계속 긴장되어 있습니다. 이것은 무모한 운전자가 거의 사고를 일으켰다고 해도 충분할 만큼 나쁜 결과가 아닙니까? 동일성 시스템은 지속적으로 당신의 생각을 맴돌게 하고 몸을 긴장시켜, 상처에 소금을 끼얹습니다. 하루를 망치거나, 심지어 더 안 좋을 수도 있고, 당신의 괴로움은 나중에 사고를 일으키게 할 수도 있습니다. 동일성 시스템이 자연스러운 생각을 붙들어서 그것을 요구로 만들 때마다 당신이 상황의 피해자가 된다는 것을 아는 것이 중요합니다. 심신 자각 기술과 생각에 이름붙이기를 사용함으로써 동일성 시스템이 사건을 파괴적인 경험으로 바꾸는 것을 막을 수 있습니다. 요구를 인지하는 것이 당신이 배우게 될 가장 중요한 기술입니다.

이 장에서 당신은 동일성 시스템의 요구를 지도로 그려 볼 것입니다. 기억하세요. 지도는 단지 몇 분밖에 걸리지 않는 짧은 글짓기 훈련입니다. 낙서처럼 당신의 생각과 몸의 긴장에 대한 사진과 같은 짧은 묘사입니다. 당신이 만든 모든 지도는 요구에 대한 자각을 증가시키고, 동일성 시스템의 통제를 감소시키며, 개인적 힘을 증가시켜 줍니다.

1. 하루 동안 과활성화된 동일성 시스템의 숨길 수 없는 징후들을 살펴보세요. 신체 긴장, 복잡한 마음, 무언가를 하는데 있어서의 어려움 등. 심신 자각 훈련과 생각에 이름붙이기, 자각을 행동으로 옮기기 등을 사용하여 동일성 시스템을 잠재울 수 있는지 살펴보세요.

   가. 당신의 동일성 시스템이 과활성화되었을 때 무슨 일이 일어났습니까?

상황	신체 긴장	복잡한 마음	어떤 행동을 했나

   나. 오늘 동일성 시스템이 얼마나 자주 과활성화되었습니까? _____

   다. 심신 연결하기 기술(심신 자각 훈련과 생각에 이름붙이기)을 사용하여 동일성 시스템을 진정시켰을 때 오늘 어떤 일이 일어났는지 기술하세요.

상황	신체 긴장	심신 연결하기 기술들	어떤 행동을 했나

   라. 동일성 시스템을 잠재웠을 때 마음이 더 명료해졌나요? 예 _____ 아니요 _____

2. '세상이 어떠해야 하는가'에 대한 지도를 작성해 보세요(다음 예시 지도 참조). 몇 분 동안 일상적인 세상이 어떠해야 하는지에 관해 당신 생각들을 무엇이든 타원 주변에 적어 보세요. (예 : '사람들은 올바르고 친절해야 한다.'거나 '나는 어떤 실수도 저질러서는 안 된다.') 구체적으로 적으면서도 생각을 편집하지 말고, 빠르게 적어 보세요.

지도 : 세상이 어떠해야 하는가

세상이 어떠해야 하는가?

크리스는 나를
존중해 주어야 한다.

사람들은 말을 너무
많이 하면 안 된다.

세상은 평화로워야 한다.

나는 긴장하면 안 된다

모든 사람은 안전하게
운전해야 한다.

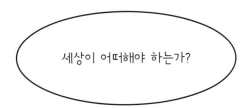

세상이 어떠해야 하는가?

아들은 예의 바르게
행동해야 한다.

리사는 더 자비로워야 한다.

나는 실수하면 안 된다.

사람들은 나를 빤히
쳐다봐서는 안 된다.

가. 지도에 적힌 모든 일이 일어날 거라고 생각합니까? 예 _____ 아니요 _____

나. 이 도표에 각각의 생각을 적어 보고, 그것이 이루어질 수 없다는 것을 깨달았을 때의 신체 긴장에 대해서 적어 보세요.

'세상이 어떠해야 하는가'라는 생각	신체 긴장과 위치	✓
예시 1 : 크리스는 나를 존중해 주어야 한다.	꽉 쥔 주먹, 긴장된 턱	✓
예시 2 : 세상은 평화로워야 한다.	약간의 신체 긴장감	

다. 당신이 열거한 신체의 긴장은 그 생각이 요구이며, 동일성 시스템을 활성화시켰다는 징후입니다. 세 번째 칸에는 특정 생각이 요구가 되는 것을 나타내기 위해 체크 표시를 해보세요.

  동일성 시스템은 세상이 어떠해야 하는지에 대한 당신의 생각을 포착할 수 있습니다. 당신이 어떠해야 한다고 생각한 것과는 다른 현실을 경험할 때, 당신의 몸은 긴장하게 되고, 마음은 복잡해지고, 삶은 제한됩니다. 동일성 시스템을 유발하는 생각들이 요구라는 것을 기억하세요. 앞의 예시에서 '크리스는 나를 존중해 주어야 한다.'는 생각을 예로 들어 봅시다. 크리스가 얼마나 무례한지에 대해 생각할 때, 예시에 나오듯이 신체 긴장은 꽉 쥔 주먹, 긴장된 턱으로 나타났습니다. 예시에 열거되었던 다른 생각인 '세상은 평화로워야 한다.'는 생각의 경우, 현실이 그 생각과 맞지 않더라도 당신은 약간의 신체 긴장만을 느낄 것입니다. 이 사례에서 동일성 시스템은 유발되지 않았고, 그래서 '세상은 평화로워야 한다.'는 생각은 요구가 아닙니다. 이것은 당신이 평화로운 세상을 위해 노력하지 않을 것이라는 의미가 아니라, 편안한 몸과 명료한 마음으로 그렇게 할 수 있음을 의미합니다.

3. 이제 당신은 제1장에서 배웠던 심신 자각 훈련을 이용해서 '세상이 어떠해야 하는가' 지도를 다시 작성해 볼 것입니다. 쓰기 전에 주위에서 들려오는 소리를 듣고, 앉아 있는 당신 몸의 압력을 느끼고, 바닥에 닿은 발의 감각을 느끼고, 손에 쥐고 있는 펜을 느껴 보세요. 일단 안정되었다고 느끼면, 손에 쥐고 있는 펜을 계속 느끼면서 세상이 어떠해야 하는가에 대해 쓰기 시작하세요. 잉크가 종이에 스며드는 것을 지켜보고, 주위 소리에 귀를 기울이세요. 몇 분 동안 '세상이 어떠해야 하는가'에 관해 마음에 떠오르는 생각은 무엇이든 적어 보세요.

세상이 어떠해야 하는가?

가. 이번 지도와 연습 1에서 했던 지도와의 차이점은 무엇입니까?

_____

_____

나. 앞서 만들었던 지도에서 보았던 동일성 시스템에 의한 압박과 왜곡 없이 이제 세상을 있는 그대로 마주할 수 있게 되었음을 알 수 있습니까?

_____

_____

어떤 상황('크리스는 나를 존중하지 않는다.')이 당신의 삶에서 일어날 때, 감각에 집중하여 마음의 복잡함과 신체의 긴장을 가져오는 과활성화된 동일성 시스템을 잠재울 수 있습니다. 당신은 준비되고 편안한 몸과 마음으로 이제 그 상황을 마주할 수 있습니다.

신체가 긴장하고 마음이 복잡해질 때면, 그것은 언제나 동일성 시스템의 요구 중 하나가 충족되지 못했다는 징후입니다. 이번 연습은 우선 요구에 대한 자각을 증진시키고, 동일성 시스템의 활성을 줄이기 위해 심신 자각 훈련과 생각에 이름붙이기를 사용하는 것입니다. 요구를 인식하는 것은 또 다른 심신 연결하기 기술입니다. 일단 요구를 확인하게 되면, 당신은 그 상황을 더 명료하게 알게 될 것입니다.

22세 이라크 참전군인은 보훈 혜택에 대해 논의하기 위해 관공서에서 기다리고 있었습니다. 등록을 하고 10분 동안 기다리자, 그는 긴장하기 시작했습니다. 5분 뒤 그는 더 이상 참지 못하고 관공서에서 뛰쳐나갔습니다. '보훈처가 내게 관심을 가져주지 않는다.'는 생각 때문에 스트레스가 온다는 것을 그는 알아차렸습니다! 나중에 그는 스스로 너무 열 받아서 보훈 혜택을 신청하지 않겠다고 결심했습니다. 그는 운 좋게 심신 연결하기 그룹에 참여하게 되었고, 그의 요구('보훈처는 내게 관심을 가져줘야 한다.')를 확인할 수 있게 되었고, 강력한 심신 자각 훈련을 받았습니다. 몇 주 뒤에 그는 혜택을 받기 위해 다시 보훈처로 가기로 결심했습니다. 등록을 하고 10분간 기다리자 가슴이 답답해지고, 주먹이 꽉 쥐어지고, 잡념이 생긴다는 것을 알아차렸고, 이것이 과활성화된 동일성 시스템의 징후라고 인식했습니다. 그런 다음 그는 새로 배운 심신 자각 훈련을 사용하여 의자의 천을 느끼고, 바닥에 닿은 발의 감각을 느끼고, 냉방기의 바람소리를 들었습니다. 긴장이 조금 풀리기 시작하면서 '그들은 나를 기다리게 하면 안 돼.'라는 동일성 시스템의 요구를 명확하게 보게 되었습니다. 10분 후 그의 이름이 호명되었고, 보훈혜택을 신청하게 되었습니다. 그의 증상이 치유된 것일까요? 아닙니다! 그러나 그는 삶의 질을 상당히 향상시켜 주는 기술을 익혀 가고 있습니다. 그는 다음과 같이 표현했습니다. "누구나 내 타이어를 걷어찰 수 있지만, 결국 내 타이어에서 공기를 빼낼 수 있는 유일한 것은 동일성 시스템이라는 것을 깨닫기 시작했습니다."(모든 것이 스트레스가 될 수 있지만, 나를 괴롭히는 직접적인 원인은 동일성 시스템이란 의미 : 역자 주)

하루 동안 당신의 요구에 대해서 주의 깊게 살펴야 합니다. 과활성된 동일성 시스템이 당신에게 유발한 최초의 징후를 알아차려야 합니다. 예를 들면, 당신은 어깨에 힘이 들어가기 시작하고, 발가락이 말리고, 압도당한 듯한 기분이 들거나, 골프채를 잡는 데 지나치게 힘이 들어가게 되고, 목이 뻐근해지고, 환풍기 소리가 들리지 않게 되거나, 의자에 털썩 주저앉게 될 수 있습니다. 일단 당신이 한 가지 징후를 알아차리면, 동일성 시스템을 활성화시키는 요구를 찾을 수 있는지 살펴보세요. 당신의 요구를 알아내면 당신을 화나게 하는 무언가를 더 잘 다룰 수 있게 됩니다. 동일성 시스템을 활성화시키는 것은 다른 사람의 행동이 아니라는 것을 기억하세요. 그것은 바로 당신 자신의 요구입니다.

그런 다음 당신이 오늘 어떤 요구를 관찰했는지, 그리고 심신 자각 훈련과 생각에 이름붙이기를 사용했을 때 어떤 일이 일어났는지 기록해 보세요.

1. 당신이 오늘 발견한 요구들을 적어 보세요.

_____

_____

_____

_____

_____

_____

_____

_____

2. 당신이 심신 자각 훈련과 생각에 이름붙이기를 사용했을 때, 더 잘 다룰 수 있게 되었습니까? 어떻게 되었습니까?

_____

_____

_____

_____

_____

_____

_____

_____

_____

유발요인(trigger)은 요구에 어긋나는 사건이나 생각으로 결국 동일성 시스템을 활성화시킵니다. 어떤 사건이나 생각이라도 요구에 어긋난다면 유발요인이 될 수 있습니다. 모든 동전은 양면을 가지고 있으며, 뒤집어도 여전히 같은 동전입니다. 유발요인과 요구 또한 이와 같습니다. 당신이 유발요인을 자각하게 될 때, 그것을 통해 요구(동전의 다른 면)를 알 수 있게 된다는 사실을 깨닫는 것이 중요합니다. 동일성 시스템을 활성화시키는 것은 사건 자체가 아니라, 그 사건에 관한 당신의 요구라는 것을 기억하세요.

1. 오늘 무엇이 동일성 시스템을 유발시켰는지 살펴보고, 행동이나 사건, 신체적 긴장에 대해 적어 보세요.

유발요인 또는 사건	신체 긴장과 위치
예시 1 : 한 남자가 시속 60Km 지점에서 30Km로 달리고 있다.	턱이 조임, 꽉 쥔 주먹
예시 2 : 내가 그것을 잘못했다.	가슴의 압박, 발 두드리기

신체 긴장은 동일성 시스템이 활성화되었다는 징후입니다. 당신이 유발 행동이나 사건에 대해 만들어 낸 생각과 이야기를 적어 보세요.

_____

_____

_____

_____

_____

_____

2. 다른 사람이 어떻게 처신해야 하는지, 또는 당신이 만든 자기 자신의 요구처럼 동일성 시스템을 유발시킨 것이 무엇인지 적어 보면서, 유발요인 지도를 작성해 보세요. (예 : 테리가 약속을 어겼어, 내가 잘못했어, 또는 앤은 나를 존중해 주지 않아.)

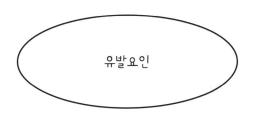

3. 유발요인 지도를 바탕으로 신체 긴장, 유발요인, 요구를 적어 보세요. 심신 지도 작성하기는 어느 누군가의 행동에 대한 것이 아니라, 항상 당신의 동일성 시스템의 요구에 관한 것입니다. 유발요인이 당신의 요구에 대해 알려준다는 사실을 기억하세요.

신체 긴장	유발요인	요구
어깨 조임	테리가 약속을 어겼다.	테리는 약속을 어기지 말았어야 했다.

얼마나 많은 요구들을 확인하였습니까?

1. 잠재된 요구들을 찾기 어려울 때마다 '내 마음에 무엇이 있는가' 지도를 작성해 보는 것이 도움이 됩니다.

（내 마음에 무엇이 있는가?）

가. 당신의 마음은 복잡합니까, 아니면 명료합니까?

_____

나. 당신의 몸은 긴장되어 있습니까, 아니면 이완되어 있습니까?

_____

이것은 당신의 마음에 무엇이 있는지에 대한 순간적인 사진입니다. 어떤 생각들이 신체 긴장과 연결되어 있는지 알아차려보세요. (예 : 내 삶은 성적 학대로 인해 망가졌다, 폭발이 내 삶을 망쳤다, 내 차는 수리가 필요하다.) 그 항목 중에서 요구에 해당하는 것을 알아냅시다. (예 : 나는 성적 학대를 받지 않아야 했다, 나는 다치지 않았어야 했다, 내 차는 고장나면 안 된다.)

다. 당신의 요구는 무엇입니까?

_____

2. 이번에는 심신 자각 훈련을 사용하여 지도를 다시 작성해 보세요. 쓰기 전에 주위에서 들려오는 소리를 듣고, 앉아 있는 당신 몸의 압력을 느끼고, 바닥에 닿은 발의 감각을 느끼고, 손에 쥐고 있는 펜을 느껴 보세요. 일단 안정되었다고 느끼면, 손에 쥐고 있는 펜을 계속 느끼면서 쓰기 시작하세요. 잉크가 종이에 스며드는 것을 지켜보고, 주위 소리에 귀를 기울이세요. 몇 분 동안 당신 마음에 떠오르는 어떤 생각이든 적어 보세요.

내 마음에 무엇이 있는가?

두 지도의 차이점을 관찰해 보세요.

생각에 이름붙이기가 도움이 된다는 것을 기억하세요. 예를 들어, 만약 당신이 '나는 인생을 망쳐 버렸어.'라는 생각을 가지고 있다면, 자신에게 "나는 '내 인생을 망쳐 버렸어.'라는 생각을 가지고 있다."라고 얘기해 보세요. 내 인생을 지금 망가뜨리고 있는 것은 폭탄(또는 학대)이 아니라 폭탄(또는 학대)과 관련해서 동일성 시스템 주위를 맴도는 생각들입니다. 당신은 생각을 고치거나, 버리거나, 억지로 변화시킬 필요가 없습니다. 하루 동안 이러한 생각이 단지 하나의 생각일 뿐이라는 것을 자각하는 것이 당신이 해야 할 모든 것입니다. 그런 다음 당신은 자각을 현재의 문제로 되돌릴 수 있습니다.

심신 연결하기는 지속적인 훈련 과정입니다. 당신이 심신 자각 훈련(당신의 감각을 활용)과 생각에 이름붙이기를 활용할 때, 당신은 삶의 모든 면에서 잠잠해진 동일성 시스템(당신의 진정한 모습)과 함께 살아갈 수 있는 능력을 얻게 됩니다. 당신이 대답해야 하는 유일한 질문은 당신 삶을 살아가는 것이 누구인지, 동일성 시스템인지 아니면 당신의 참자기인지뿐입니다.

1. 하루 동안 신체 긴장을 자각해 보세요. 비록 동일성 시스템이 신체 긴장을 만들고 삶의 방식을 손상시키지만, 그것은 더 이상 적이 아니라 오히려 당신에게 중요한 정보를 주는 친구일 수 있습니다. 신체 긴장의 초기 신호를 자각함으로써 당신이 잘못된 방향으로 가고 있을 때를 알 수 있습니다. 그것을 나침반처럼 사용해 보세요(그림 2.1 참조). 동일성 시스템이 작동 중이라는 것을 알아차리고, 소란을 잠재우기 위해 심신 연결하기 기술을 사용할 때, 그것은 친구가 됩니다. 당신은 동일성 시스템과 친구가 되고 있습니다.

가. 당신이 신체 긴장을 나침반으로 사용할 수 있었던 때는 언제였습니까? 그때 무슨 일이 일어났습니까?

_____

_____

_____

나. 당신이 신체 긴장을 나침반으로 사용할 수 없었던 때는 언제였습니까? 그때 무슨 일이 일어났습니까?

_____

_____

_____

다. 당신이 요구를 찾는 데 이 나침반이 도움이 됩니까? 어떻게 도움을 줍니까?

_____

_____

_____

　　몸이 긴장하고 마음이 복잡할 때는 동일성 시스템이 운전석에 있다는 것입니다. 동일성 시스템을 잠재우기 위해 당신을 괴롭히는 것이 상황이 아니라 당신의 요구라는 것에 주목하세요. 그다음 주변 소리에 귀를 기울이고, 당신과 닿아 있는 것은 무엇이든 느껴 보고, 당신이 하고 있었던 것으로 자각을 완전히 돌려 놓으세요.

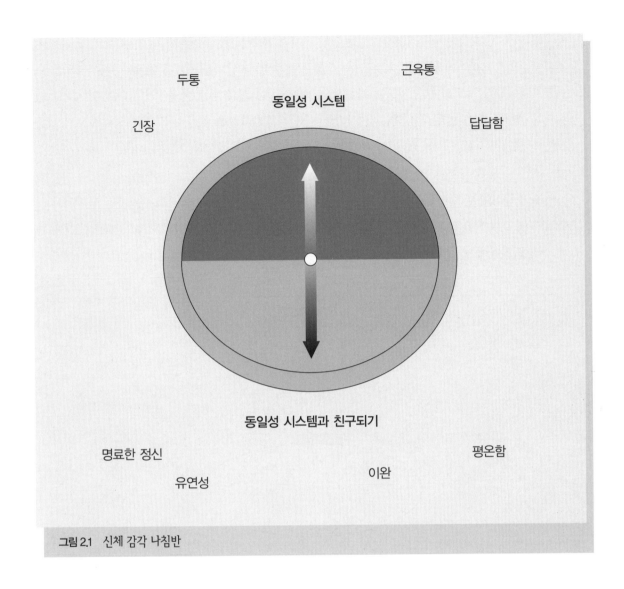

그림 2.1 신체 감각 나침반

철새가 봄에 집으로 돌아가는 도중 경로를 이탈하면 내부 나침반이 알려줍니다. 당신이 동일성 시스템과 친구가 되면, 당신이 경로를 이탈했을 때를 알려주는 나침반이 됩니다. 필요한 것은 자각뿐입니다. 왜냐하면 동일성 시스템이 잠잠해지면, 당신의 정상적인 기능이 어떤 위기 상황에서도 당신이 효율적으로 일상 활동을 찾아갈 수 있도록 해줄 것이기 때문입니다.

2. 문제 지도를 작성해 보세요. 당신은 '나는 지난주에 문제 지도를 작성했어. 내가 왜 그것을 또 해야 되지?'라고 스스로에게 물어볼 수 있습니다. 좋은 질문입니다! 오늘은 다른 문제와 다른 지도를 가지고 있는 또 다른 날입니다. 지도를 작성함으로써 당신은 지금 바로 이곳에서 무엇이 일어나고 있는지에 대한 통찰을 얻게 되기 때문에, 각각의 지도는 자아발견을 위한 여정이 됩니다. 지도 작성하기는 당신의 요구를 인식하고, 동일성 시스템을 잠재우기 위해 당신이 사용할 강력한 심신 연결하기 기술입니다. 자, 이제 시작해 봅시다.

   타원의 중심에 현재의 문제를 적어 봅시다. 다음 몇 분 동안 마음속에 떠오르는 어떤 생각이든 타원 주위에 두루두루 적어 봅시다. 당신의 생각을 편집하지 말고 신속하게 해보세요. 지도 아래에 신체 긴장을 열거해 보세요.

문제 지도

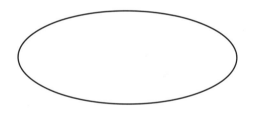

신체 긴장 :

_____

_____

_____

외상 후 스트레스 장애와 알코올 중독이 있는 한 여성이 집단 치료에서 지도를 작성했습니다. 그녀는 세 번째 음주운전 때문에 다음날 법정에 가기로 되어 있었습니다. 그녀의 지도에는 단지 몇 가지 항목만 있었습니다. 그녀가 기록한 생각들 중 하나는 '내일 법정에 가는 것'이었으나, 그녀는 아무런 신체 긴장도 적지 않았습니다. 그녀는 법정에 가면 무슨 일이 일어날지에 대한 질문을 받기 전까지 동떨어진 느낌과 무감각한 상태였다고 말했습니다. 질문을 받고 난 후, 그녀의 몸은 긴장되었고, 눈물을 글썽거렸는데, 이는 그녀가 잠재된 요구를 가지고 있었다는 것을 의미합니다. 다른 문제 지도를 그리고 나서야 그녀는 자신의 주된 요구를 알 수 있었습니다. '판사는 관대해야 한다.'

당신의 지도는 당신이 문제에 어떻게 접근하고 있는지에 관해 무엇을 알려줍니까?

가. 당신의 마음은 복잡합니까, 아니면 명료합니까?

_____

나. 당신의 몸은 긴장되어 있습니까, 아니면 이완되어 있습니까?

_____

다. 당신의 요구는 무엇입니까?

_____

만약 당신의 지도에 과활성화된 동일성 시스템의 신호가 거의 없다면, 당신이 요구를 가지고 있지 않을 수도 있지만, 훈련의 초기 단계인 지금은 그럴 가능성이 낮습니다. 오히려 과활성화된 동일성 시스템이 당신을 고립시키고, 정상 신체 감각을 차단시켜 버렸을 가능성이 높습니다.

그것을 확인하기 위해 빈 종이 한 장을 꺼내어 다른 지도를 작성해 보세요. '나는 내일 법정에 갈 것이다.'처럼 아무런 신체 긴장도 유발하지 않았던 중요한 생각을 타원 속에 적어 보세요. 곰곰이 생각해 보면서 마음속에 떠오르는 것을 살펴보고, 3~4분 동안 타원 주위에 당신의 생각을 적어 보세요.

몸이 긴장하게 될 많은 순간들은 당신의 잠재된 요구를 찾는 데 도움을 줄 수 있습니다. 요구를 자각하지 못하면 ('판사는 관대해야 한다.') 동일성 시스템은 계속해서 활성화 상태로 남게 됩니다. 당신의 몸을 일깨우고 자신을 치유하는 열쇠는 당신의 요구를 인식하는 것입니다. 억지로 어떤 것이든 느끼려고 할 필요는 없습니다. 당신 안에 있는 본연의 기능이 부드럽고 강력하게 그 과정이 일어나게 해줄 것입니다.

3. 동일한 문제에 대해 이번에는 심신 자각 훈련을 사용하면서 또 다른 지도를 작성해 보세요. 타원에 문제를 적어 보세요. 쓰기 전에 주위에서 들려오는 소리를 듣고, 앉아 있는 당신 몸의 압력을 느끼고, 바닥에 닿은 발의 감각을 느끼고, 손에 쥐고 있는 펜을 느껴 보세요. 일단 안정되었다고 느끼면 손에 쥐고 있는 펜을 계속 느끼면서 세상이 어떠해야 하는가에 대해 쓰기 시작하세요. 잉크가 종이에 스며드는 것을 지켜보고, 주위 소리에 귀를 기울이세요.

심신 연결하기를 사용한 문제 지도

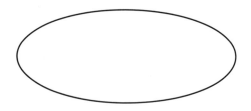

가. 당신의 마음은 복잡합니까, 아니면 명료합니까?

_____

나. 당신의 몸은 긴장되어 있습니까, 아니면 이완되어 있습니까?

_____

다. 두 지도의 차이점을 살펴보세요.

　　1) 당신은 자신의 문제를 좀 더 분명하게 알게 되었나요? 예 _____ 아니요 _____

　　2) 이런 심신 상태에서 당신은 자신의 문제에 어떻게 다가갈 것입니까?

　　_____

　　3) 이런 심신 상태에서 당신은 자신을 치유할 능력을 인식하게 되었나요?

　　　예 _____ 아니요 _____

1. 하루 동안 당신의 하루가 어떻게 지나가는지 살펴보세요. 당신은 일상에서 심신 연결하기의 결과에 대해 어떻게 생각합니까?

_____

_____

_____

_____

_____

_____

심신 연결하기가 효과가 없는 상황을 나열해 보세요. 구체적으로 적어 보고, 당신의 고통과 연관된 요구를 당신이 인식할 수 있는지 살펴보세요.

문제 영역	요구

2. 문제 지도를 작성해 보세요. 이전의 목록에서 스트레스를 가장 많이 받았던 문제부터 시작하세요. 그것을 타원 안에 적어 보세요. 그런 다음 수분 동안 마음속에 들어오는 어떤 생각이든 타원 주위에 적어 보세요. 생각을 편집하지 말고, 신속하게 적어 보세요. 마음은 분당 수백 가지의 생각을 만들어 냅니다. 마음이 작동하는 방식에 더 열려 있을수록 당신은 더 많은 통찰을 얻게 될 것입니다. '이것은 바보 같은 연습이야, 이 책은 나에게 도움이 안 돼, 나는 이제 내 머릿속의 지도를 그리는 것에 대해서 충분히 알고 있어.'와 같은 생각들이 쓰기에 좋은 것들입니다. 지도의 아래에 신체 긴장에 대해 기록해 보세요.

문제 지도

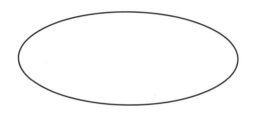

신체 긴장 : _____

가. 당신의 마음은 복잡합니까, 아니면 명료합니까?

_____

나. 당신의 몸은 긴장되어 있습니까, 아니면 이완되어 있습니까?

_____

다. 당신의 지도에 어느 정도의 신체 긴장과 복잡한 마음이 있다면, 자신을 치유하는 능력이 제한될 것 같습니까? 예 _____ 아니요 _____

라. 당신은 이 지도에서 어떤 요구를 알아냈습니까?

_____

3. 이번에는 심신 자각 훈련을 사용해서 똑같은 지도를 작성해 보세요. 타원 안에 그 문제를 적어 보세요. 쓰기 전에 주위에서 들려오는 소리를 듣고, 앉아 있는 당신 몸의 압력을 느끼고, 바닥에 닿은 발의 감각을 느끼고, 손에 쥐고 있는 펜을 느껴 보세요. 일단 안정되었다고 느끼면 손에 쥐고 있는 펜을 계속 느끼면서 세상이 어떠해야 하는가에 대해 쓰기 시작하세요. 잉크가 종이에 스며드는 것을 지켜보고, 주위 소리에 귀를 기울이세요.

심신 연결하기를 사용한 문제 지도

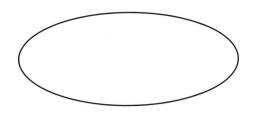

가. 당신의 마음은 복잡합니까, 아니면 명료합니까?

_____

나. 당신의 몸은 긴장되어 있습니까, 아니면 이완되어 있습니까?

_____

다. 두 지도의 차이점을 살펴보세요.

   1) 당신은 자신의 문제를 좀 더 분명하게 알게 되었나요? 예 _____ 아니요 _____

   2) 이러한 심신 상태에서 당신은 자신의 문제에 어떻게 다가갈 것입니까?

_____

라. 이러한 심신 상태에서 당신은 자신을 치유할 능력을 인식하게 되었나요?

   예 _____ 아니요 _____

어린 시절 반복적인 성적 학대로 인해 외상 후 스트레스 장애를 앓고 있는 한 30세 여성은 그녀가 참석한 여성 모임에서 자신의 경과에 대해 이야기를 나누었습니다. "내 문제 지도에는 '10대 아들의 음주, 지불체납, 지옥에서 온 상사'가 있었어요. 내게 고통을 주는 것은 모두 그것들이라고 믿었습니다. 심신 자각 훈련을 사용하면서 다시 지도를 작성했을 때, 나는 내게 고통을 일으켰던 것이 '문제'가 아니라 '요구'임을 깨달았습니다. 심신 자각을 사용한 지도 작성하기는 나에게 내가 진정 누구인지 어렴풋이 알게 해주었습니다. 나는 정원에 있는 나무, 벽의 파란 색깔, 얼굴을 스치는 시원한 바람을 알아차리기 시작했습니다. 나는 심지어 하루하루가 더 편안해졌다는 것도 알 수 있었습니다." 그녀는 모임에서 개인적인 부분을 얘기해도 되는지 주저하면서 물었습니다. 계속해도 좋다는 허락을 얻은 후, 그녀는 "나는 단지 남편이 상당히 좋은 사람이었기 때문에 남편과 성관계를 했지만, 어제 처음으로 남편과의 관계에서 성적 쾌감을 느꼈습니다."라고 말했습니다. 그 방에 있는 모든 여성은 그녀의 눈에 눈물이 고인 것을 느낄 수 있었습니다.

    심신 연결하기는 두 부분으로 이루어집니다. 첫째는 심신 자각 훈련과 생각에 이름붙이기이고, 둘째는 당신의 동일성 시스템과 친구가 되는 것입니다. 당신은 지도 그리기, 요구를 인지하고 잠재우기와 같은 기술을 사용해 동일성 시스템과 친구가 될 수 있습니다.

    오늘부터 당신의 일상생활에서 심신 연결하기 훈련을 사용해 보세요.

1. 무슨 일이 일어났습니까?

_____

_____

2. 당신은 어떤 요구를 알아냈습니까?

_____

_____

3. 심신 연결하기 훈련이 어떻게 도움이 되었습니까?

_____

_____

심신 연결하기 주간 평가 척도
당신의 긴장을 녹여 매일의 삶을 향상시켜라

날짜 : _____

지난 한 주 동안 훈련이 어땠나요? 당신에게 가장 잘 맞는 곳에 체크(✓)하세요.

얼마나 자주……	거의 없음	가끔	보통	거의 항상
과활성화된 동일성 시스템의 신호로서 신체 감각을 인지하고 위치를 알아낼 수 있었습니까?	____	____	____	____
당신의 삶에 미치는 동일성 시스템의 파괴적인 영향을 인식하였습니까?	____	____	____	____
과활성화된 동일성 시스템이 당신 문제의 근간이 된다는 것을 인식하였습니까?	____	____	____	____
당신의 요구를 인식하였습니까?	____	____	____	____
현재 순간에서 벗어나려는 자신을 붙잡았습니까?	____	____	____	____
동일성 시스템을 잠재우고 삶의 질을 향상시키기 위해 심신 자각 훈련을 사용하였습니까?	____	____	____	____
다른 시각으로 당신의 삶에 감사할 수 있게 되었습니까?	____	____	____	____
매일 심신 연결하기를 사용한 지도를 그렸습니까?	____	____	____	____

1. 동일성 시스템이 과활성화되었을 때 사물들이 어떻게 보입니까?

_____

_____

2. 당신이 심신 연결하기를 하고, 동일성 시스템이 진정되면 사물들이 어떻게 보입니까?

_____

_____

3. 심신 연결하기를 사용한 지도 작성하기의 가장 중요한 이득은 무엇입니까?

_____

_____

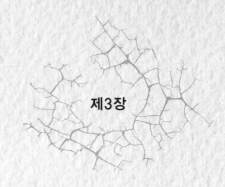

제3장

부정적 생각의
지배에서 벗어나기

외상 후 스트레스 장애는 반복적이고 불쾌한 침습적인 생각들로 가득 차 있는데, 그것들 중 상당수가 당신이 자신에 대해 갖는 믿음인 부정적인 자기신념(self-beliefs)이 됩니다. 신경과학의 관점에서 보면, 생각이란 단지 두 개의 뇌세포 시냅스(synapse)에서 화학물질이 분비되는 것이라는 사실을 당신은 알고 있습니까? 심리학자들과 마음을 연구하는 학자들이 종종 생각을 정신적 현상(mind facts)이라고 부른다는 사실을 당신은 알고 있습니까? 이러한 정신적 현상들은 정리되어 저장되고, 어떤 상황에 적응하기 위해 필요할 때 사용됩니다. 동일성 시스템은 특정 생각을 붙잡아 그 생각에 얽매이게 합니다. 이렇게 되면 동일성 시스템은 '활동(on)' 상태로, 참자기는 '휴면(off)' 상태로 유지됩니다. 참자기가 치유를 담당하기 때문에 이런 상황에서는 치유될 수 없고, 당신의 감정은 낙담하고 상처받은 상태로 남게 됩니다. 심신 연결하기 훈련은 동일성 시스템을 잠재우고, 스스로 치유할 수 있는 능력을 재개하도록 합니다.

이제 우리는 반복적이고 불쾌한 침습적인 생각들을 어떻게 해야 할까요? 그런 생각들을 떨쳐 버리려고 할수록 오히려 그것들이 더 강해진다는 사실을 당신은 이미 알고 있습니다. 예를 들어 빨간 풍선에 대해 생각하지 않으려고 노력해 봅시다. 무슨 생각이 듭니까? 바로 빨간 풍선입니다! 많은 책이 부정적인 생각을 다루기 위해서는 긍정적인 말을 사용하도록 권합니다. 우리 모두는 긍정적인 말로 우리 자신을 고치려고 시도해 보았습니다. 하지만 우리가 그런 노력을 그만두었을 때 부정적 생각은 급속도로 되살아납니다. 그래서 여전히 의문이 남아 있습니다. 우리는 부정적이며 괴로운 생각들을 어떻게 처리해야 할까요?

우선 마음이 어떻게 작동하는지 살펴봅시다. 만약 우리가 높음을 생각한다면 틀림없이 낮음도 있습니다. 만약 우리가 좋음을 생각한다면 틀림없이 나쁨도 있습니다. 행복과 슬픔, 아픔과 건강함, 젊음과 늙음 역시 마찬가지입니다. 우리는 마음이 긍정적이고 부정적인 생각 둘 다를 가지고 작동한다는 것을 알고 있습니다. 부정적인 생각을 없앨 수 있는 유일한 시간은 뇌사 상태입니다. 만약 당신이 임종 직전이고 뇌파도 갑자기 나타나지 않는다면, 당신의 주치의는 어쩌면 속으로 이렇게 말할지 모릅니다. '와! 마침내 부정적인 생각들을 모두 없애 버렸군.' 이러한 사실을 가지고 우리의 질문에 올바른 답을 찾을 수 있을지 살펴봅시다.

우리의 참자기가 정상적인 기능을 할 때, 상반되는 생각들의 양면을 통해 조화와 균형을 만들어 냅니다. 가령 질병과 건강은 심신의 두 가지 상태입니다. 참자기는 각각의 상태를 적절하게 다룹니다. 그러나 동일성 시스템은 완전히 다른 방식으로 접근합니다. 동일성 시스템에는 우울유발제(depressor)라고 부르는 부분(하위체계)이 있습니다. 우울유발제는 부정적인 생각과 자기대화(self-talk)(당신이 자기 자신에게 하는 이야기 : 역자 주)를 붙잡아 작동하고, 신체를 긴장시키고 마음을 복잡하게 합니다. 우울유발제는 '나는 패배자야, 나는 그것을 할 수 없어, 나는 결코 예전처럼 지낼 수 없을 거야, 나는 별로야, 나는 망가졌어.'와 같은 부정적 생각을 하고, 그 생각에 대한 이야기를 지어내고, 신체의 모든 세포에 부정적 성향을 깊이 심어 놓습니다. 당신은 스스로를 불완전하고, 손상되거나 혹은 무너진 상태로 여긴 채, 그것을 뒷받침하는 이야기를 갖게 됩니다! 이러한 상태가 손상된 자기(damaged self)입니다.

'부정적 생각을 어떻게 해야 할까요?'라는 원래의 질문은 이제 '우울유발제를 어떻게 해야 할까요?' 가 되었습니다. 이것이 이번 장에서 다룰 내용의 전부입니다.

우울유발제는 동일성 시스템의 암울한 상태이며, 손상된 자기를 강화시키기 위해 부정적인 자기대화를 사용합니다.

1. 하루 동안 당신의 부정적인 자기대화를 알아차리고 기록하세요. 함께 나타나는 신체 긴장의 특징 (예 : 날카로운, 쥐어짜는 듯한, 고통스러운, 묵직한, 긴장된), 위치, 강도를 적어 보세요.

부정적인 자기대화	신체 긴장

2. 우울유발제 지도를 작성해 보세요. 아래의 타원 주위에 당신이 상심했을 때 들었던 부정적인 생각들과 자기대화를 두루두루 적어 보세요(51쪽의 예시 지도 참조). 몇 분 동안 당신이 할 수 있는 한 많이 적어 보세요. 지도 아래에는 당신의 신체 긴장을 열거하세요.

신체 긴장 : _____

우울유발제가 활성화되었을 때 당신은 어떻게 행동했습니까?

_____

　　지도에 적힌 생각들은 부정적이 될 수도 있는 자연스러운 생각입니다. 우울유발제는 부정적인 생각을 붙잡고 부정적인 성향을 당신의 신체에 깊이 심어 놓습니다. 그 결과 더 많은 부정적 생각이 뒤따르게 됨으로써 당신이 느끼는 정신적 고통은 악순환을 그리게 됩니다. 당신의 삶에 지장을 초래하는 무거운 짐이 됩니다. 우울유발제가 어떻게 작용하는지 알아야 악순환을 끊을 수 있습니다.

내 삶을 통제할 수가 없다.

나는 희망이 없다.   나는 너무 좋지 않다.

노력하는 것에 지쳤다.   가족들은 나를 사랑하지 않는다.

우울유발제

나는 바뀔 수 없다.   의지할 사람이 아무도 없다.

모든 것이 두렵게 느껴진다.

신체 긴장 : 이를 악물기, 어깨 뭉침, 배에서 꼬르륵 소리가 남, 목이 아픔, 몸이 무거움

3. 이제 당신의 우울유발제가 어떻게 작용하는지 알아봅시다. 2단계에서 당신이 작성한 지도에서 신체 긴장을 유발하고 당신을 가장 힘들게 하는 생각(예 : '아내는 쓸모가 없어.' 혹은 '나는 똑바로 하는 게 아무것도 없어.')을 선택해서 아래의 타원 안에 쓰세요. 이제 타원 주위에 마음속에 떠오르는 어떤 생각이든 상관없이 두루두루 적어 보세요. '나는 더 이상 일을 할 수 없어.' 혹은 '예전에 나는 좋았지.'와 같이 구절이나 문장을 쓰면 됩니다. 지도 아래에 당신의 신체 긴장을 열거하세요.

우울유발제 지도에서 나를 힘들게 하는 생각

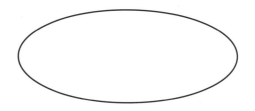

신체 긴장 : _____

　　당신이 방금 작성한 지도에 우울유발제를 통제할 열쇠가 있습니다. 당신의 지도에 있는 모든 생각은 동일성 시스템에 의해 (사실이든 아니든) 이야깃거리가 됩니다. 당신의 부정적인 생각에 대해 마음에 떠오르는 이야기를 그냥 생각해 보세요. 이것을 이야기줄기(storyline)라고 부릅니다. 이야기줄기의 힘을 자각하고 인지하는 것은 매우 중요합니다. 이야기줄기는 당신의 마음속에 떠올랐던 부정적인 생각과 앞선 두 지도에서 당신이 경험했던 심신의 고통 사이의 연결고리입니다. 동일성 시스템이 꾸며내는 이야기줄기는 자연스러운 부정적 생각 하나를 선택하여 신체의 모든 세포에 부정적 성향을 깊이 심어 놓으며, 그 결과 심신 연결 관계가 만들어집니다. 이야기줄기는 동일성 시스템을 계속 유지시키고, 당신을 현재의 순간에서 멀어지게 하고, 당신이 최상의 삶을 누리지 못하게 막습니다. 우울유발제의 이야기줄기가 없다면 부정적인 생각은 어떤 고통도 일으킬 수 없습니다.

프랭크는 이라크에서 왼쪽 다리를 잃었습니다. 그는 기능이 꽤 좋은 의족을 가지고 있습니다. 그가 아침에 일어났을 때, 가끔씩 '나는 다리가 절단된 사람이야.'라고 생각합니다. 그러고 나서 자신이 할 수 없는 것들, 불편함, 문제 등에 대한 부정적인 이야기를 지어냅니다. 그가 화장실에 가기 위해 일어날 때에는 몸과 마음이 이미 지쳐 있었습니다. 그는 자신의 고통을 전투에서 입은 부상 탓으로 돌리며, 더 이상 전쟁 이전처럼 살아갈 수 없는 것에 대해 더 많은 이야기줄기를 만들어 냈습니다. 심신 연결하기 모임에 참석하고 몇 주가 지났을 때, 그는 이렇게 이야기했습니다. "나는 아직도 가끔씩 아침에 깰 때마다 '나는 다리가 절단된 사람이야.'라는 생각을 합니다. 그러나 지금은 자신에게 말합니다. "'나는 다리가 절단된 사람이야.'라는 생각을 가지고 있구나. 그래서 도대체 달라질 것이 뭐가 있을까?" 그런 다음 하던 대로 욕실로 갑니다. 만약 내가 새로운 이야기줄기를 지어내기 시작하면, 환풍기 소리에 귀 기울이고, 오른쪽 발에 눌려지는 압력을 느끼고, 몸의 움직임을 느끼면서 그 이야기줄기를 단지 자각합니다. 내가 욕실에 들어섰을 때, 나는 더 이상 분노와 긴장으로 가득 차 있지 않습니다. 심지어 마음속으로 생존자가 된 것에 대한 긍정적인 생각들을 만들 필요성도 느끼지 않습니다. 나 자신을 위해 스스로 발견한 것은 아침마다 나를 무능하게 만드는 것이 전쟁의 트라우마가 아니라 내가 지어낸 이야기줄기라는 것입니다. 우울유발제는 내 몸과 마음을 부정적 경향으로 가득 채움으로써 내게 망가진 느낌을 주곤 했습니다. 이제 나는 비록 여전히 한쪽 다리만 가지고 있지만, 더 이상 망가지지 않습니다."

이 강력한 기술은 이야기줄기 자각(storyline awareness)입니다. 당신은 이야기줄기를 떨쳐낼 필요가 없습니다. 당신은 단지 그것을 인식하기만 하면 됩니다. 당신의 자각이 이야기줄기를 허물어뜨립니다. 훈련을 해봅시다. 당신의 가장 강렬한 이야기줄기 중 하나를 곰곰이 생각해 보고, 계속해서 그 생각을 유지해 보세요. 이제 주위의 소리를 자각하고, 당신의 이야기줄기가 어떻게 펼쳐지는지 관찰해 보세요. 이야기줄기가 점차 줄어듭니까? 당신의 자각이 얼마나 강력한지 알겠습니까? 당신은 무엇을 알아냈습니까?

당신의 우울유발제 지도에 있는 항목들을 다시 살펴보고, 각각을 생각해 보세요. 당신이 또 다른 이야기줄기를 찾을 수 있는지 살펴보세요. 동일성 시스템이 이야기줄기를 지어낼 때, 그 이야기줄기는 그저 그런 이야기가 아닙니다. 그것은 당신 신체에 직접적인 영향을 주고 당신의 현실을 변화시키려고 시도합니다. 하루 동안 이야기줄기 자각 기술(단지 이야기줄기를 자각하는 것)을 이용하면, 하루 중 얼마나 많은 시간 동안 당신이 이야기줄기에 빠져 있었는지 알게 될 것입니다. 우리는 이 훈련을 했던 환자들로부터 "나는 덜 미루게 되었다.", "시간이 더 느리게 간다.", 그리고 "나는 더 많은 것을 하고, 나를 위한 시간도 갖게 되었다."와 같은 수백 개의 의견을 받았습니다.

당신은 무엇을 알아냈습니까?

_____

_____

_____

_____

_____

_____

_____

1. 하루 동안 우울유발제가 당신을 억눌렀을 때가 언제인지 알아보세요. 신체 긴장, 이야기줄기, 행동을 관찰하세요. 우울유발제가 당신의 평상시 기능을 어떻게 방해하고, 당신이 스스로를 망가진 상태로 여기도록 어떻게 만드는지를 기록하세요.

   가. 우울유발제가 과활성되었을 때를 어떻게 알아냅니까? (예 : 무거운 몸, 속이 더부룩함, 내가 좋지 않다는 생각)

   _____

   나. 당신의 행동은 어떠했습니까? (예 : 짜증을 낸다, 사람들을 피하고 싶다, 너무 많이 먹는다.)

   _____

   다. 그것이 당신의 평상시 기능을 어떻게 방해했습니까? (예 : 올바른 결정을 내리지 못한다, 형편없는 부모가 된다.)

   _____

   라. 스스로를 망가졌다고 느꼈습니까? 예 _____ 아니요 _____ 만약 예라면, 어떻게 느꼈습니까?

   _____

   마. 오늘의 이야기줄기는 무엇이었습니까? (예 : 생각－아내는 너무 매정하다. 이야기줄기－나는 일을 제대로 할 수 없다, 내가 원하던 모습이 아니다, 왜 이런 일이 내게 일어나는가? 나는 너무 피곤해서 하루를 제대로 보낼 수 없다 등.)

   _____

   바. 이러한 생각과 이야기줄기가 당신 모습을 어떻게 변화시킵니까?

   _____

   사. 당신의 요구는 무엇입니까? (예 : 아내는 좀 더 너그러워야 한다, 나는 일을 제대로 해내야 한다, 나는 예전과 같은 내가 되어야 한다, 나에게는 일어나지 말았어야 했다, 나는 지쳐서는 안 된다.)

   _____

2. 타원 주위에 부정적인 자기대화를 두루두루 적어서 우울유발제 지도를 작성하세요. 몇 분 동안 당신이 할 수 있는 만큼 많이 적어 보세요. 지도 아래에는 신체 긴장을 적으세요.

우울유발제

신체 긴장 : _____

　'나는 패배자다.'와 같은 생각을 가지고 있었나요? 기억하세요. 생각에 이름붙이기를 하면 생각은 단지 생각일 뿐이라고 여기게 되고, 당신이 그 생각의 내용과 동일시하는 것을 막아 줍니다. '나는 패배자다.'라고 생각하는 대신 스스로에게 이렇게 말하세요. "나는 '나는 패배자다.'라는 생각을 하고 있다." 문제는 생각의 내용이 아니라, 우울유발제가 생각을 포착하여 이야기줄기를 만들고, 당신의 몸과 마음에 부정적 성향을 깊이 심어 놓는 것이라는 사실을 당신은 알 수 있습니까? 당신의 자각이 우울유발제가 부정적인 생각을 몸속 깊이 심어 놓는 것을 막아 줄 때, 우리는 이를 우울유발제와 친구되기(befriending your depressor)라고 부릅니다.

관찰 : _____

1. 하루 동안 어떤 상황(혼자 있거나, 논쟁을 하거나, 실수를 하는 것과 같은)과 생각이 당신의 우울유발제를 유발시켰는지를 생각해 보세요. 생각에 이름붙이기, 이야기줄기 자각, 그리고 (감각을 이용한) 심신 자각 훈련과 같은 기술을 사용하세요. 당신은 우울유발제의 활성을 진정시키고, 당신이 하고 있던 일로 되돌아갈 수 있습니까?

가. 우울유발제를 활성화시켰던 상황과 생각에 대해 당신은 오늘 무엇을 알아냈습니까?

_____

_____

_____

_____

_____

_____

_____

나. 당신은 어떤 상황에서 심신 연결하기 기술을 사용했습니까? 그래서 어떻게 되었습니까?

_____

_____

_____

_____

_____

_____

2. 거울 지도(mirror map)를 작성해 봅시다. 조용한 장소에서 거울을 들여다보세요. 쓰기 전에 몇 분 동안 자신을 진정으로 바라보세요. 그런 다음 당신이 보고 있는 것에 대해 마음속에 떠오르는 생각과 느낌을 무엇이든 타원 주위에 두루두루 적어 보세요. 여러 번 반복해서 거울을 슬쩍슬쩍 보고, 마음속에 떠오르는 것이 무엇이든지 계속해서 적어 보세요.

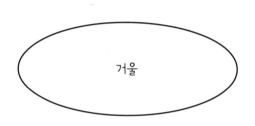

신체 긴장 : _____

　　가. 동일성 시스템은 활성화되었습니까? 예 _____ 아니요 _____

　　나. 우울유발제를 인식했습니까? 예 _____ 아니요 _____

　　다. 당신의 이야기줄기는 무엇입니까?

　　_____

　　라. 우울유발제의 활동으로 인해 당신 몸을 적으로 경험하게 되고, 스스로를 결함이 있는 존재로 여기게 된다는 것을 인식했습니까? 예 _____ 아니요 _____

　　마. 당신의 요구는 무엇입니까?

　　_____

3. 이번에는 심신 자각 훈련을 사용하여 또 다른 거울 지도를 작성해 보세요. 쓰기 전에 주위에서 들려오는 소리를 듣고, 앉아 있는 당신 몸의 압력을 느끼고, 바닥에 닿은 발의 감각을 느끼고, 손에 쥐고 있는 펜을 느껴 보세요. 이제 거울을 들여다보면서 계속해서 주위 소리에 귀 기울이세요. 일단 안정되었다고 느끼면 마음속에 떠오르는 생각은 무엇이든 타원 주위에 적으세요. 계속해서 주위 소리에 귀 기울이고, 손에 쥐고 있는 펜을 느껴 보세요. 잉크가 종이로 스며드는 것을 지켜보세요.

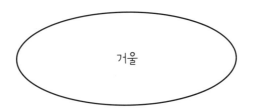

가. 이 지도는 첫 번째 거울 지도와 어떤 차이가 있습니까?

_____

_____

나. 두 지도 모두에 동일한 얼굴 특징이 있다는 것을 인식했습니까? 예 _____ 아니요 _____

다. 심신 연결하기 자각 훈련을 사용하여 새로운 수준의 자기 수용을 갖게 되었습니까?

예 _____ 아니요 _____

1. '나는 어떻게 지금의 내가 되었는가?' 지도를 작성해 보세요. 타원 주위에 당신이 어떻게 지금의 당신이 되었는지 적어 보세요. (예 : 아버지는 늘 내 곁에 없었다, 나는 반복된 학대에서 살아남았다, 엄마는 나를 지지해 주기 위해 항상 곁에 있었다.) 3~4분간 적어 보세요. 지도의 아래에는 신체 긴장을 열거해 보세요. 예시 지도가 61쪽에 있습니다.

```
     나는 어떻게 지금의
      내가 되었는가?
```

신체 긴장 : _____

　　가. 당신의 지도에서 드러난 이야기줄기의 주제는 무엇입니까?

　　_____

　　나. 그런 다음 당신이 언제, 그리고 얼마나 자주 이런 이야기줄기를 사용하는지 적어 보세요(예 : 당신이 성공이나 실패를 느낄 때, 당신이 슬프거나 행복할 때, 혹은 당신이 지루하거나 바쁠 때).

　　_____

　　　당신의 동일성 시스템이 이야기를 사용할 때면 언제나 그 이야기는 당신을 현재의 삶에서 멀어지게 합니다. 내용이 무엇이건 간에 이야기줄기는 당신의 신체를 긴장시키고, 당신의 자각을 제한하며, 기능을 저하시킵니다. 그것은 손상된 자기에 대한 잘못된 믿음을 강화시킵니다. 이야기줄기를 더 많이 자각할수록 동일성 시스템은 잠잠해지고, 따라서 당신은 자연스레 자신에 대해 전에 생각했던 것보다 훨씬 더 많이 알게 됩니다.

좋지 않은 학군

엄마가 우울해하셨다.

난 항상 엄마가 나를 사랑한다고 생각했지만
엄마는 그것을 보여주지 못했다.

아빠는 자주
내 곁에 없었다.

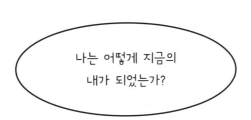

나는 어떻게 지금의
내가 되었는가?

나는 여러 직업에서
많은 것을 배웠다.

나는 절대 포기하지 않았다.

선생님 중 한 분은 내가 나 자신을
괜찮은 사람으로 여기도록 도와주었다.

친구들은 항상 내게 등을 돌렸다.

내가 _____
하기 전에 나는 괜찮았다.

나쁜 이웃들 사이에서 자랐다.

신체 긴장 : 두통, 뻐근한 목

25세 참전군인은 지도 작성하기를 비롯한 우리의 훈련을 힘들어했습니다. 그는 이러한 활동의 목적을 알 수가 없었고, 더 중요한 것은 그는 아무런 도움을 얻지 못했습니다. 매일 지도를 작성하던 어느 날 소리쳤습니다. "찾았어!" 주치의는 무엇을 찾았는지를 물어보았고, 그는 다음과 같은 이야기를 해주었습니다.

나는 손을 씻고 싶은 강력한 충동에 대한 지도를 작성했습니다. 처음 지도에 있던 항목들은 '나는 더럽다, 나쁘다, 죄를 지었다, 손을 씻기 전까지는 아무것도 할 수가 없다.'였습니다. 나의 요구가 '나는 손을 깨끗하게 해야 한다.'라고 생각했습니다. 그것은 내게 어떠한 도움도 되지 못했습니다. 나는 반복해서 지도를 작성했습니다. 결국 뭔가가 갑자기 튀어나왔습니다. 나의 요구는 '동생이 자신의 자동차 문제에 대해 오늘 아침에 전화를 했을 때 나는 그를 도왔어야 했다.'라는 것이었습니다.

그는 일이 어떻게 진행되었는지 계속해서 설명했습니다.

동생은 오늘 아침에 차 문제로 나에게 전화를 했습니다. 10분 후에 나는 전화를 끊어 버렸습니다. 그리고 곧 손을 씻고 싶은 충동이 시작되었습니다. 나는 그 욕구가 새로운 것이 아니기 때문에 많은 주의를 기울이지 않았습니다. 잠시 후에 나는 다시 지도를 작성했습니다. 그러자 '나는 동생의 차 문제에 대해 도왔어야 했다.'는 요구가 떠올랐습니다. 나는 이 요구를 알아챘고, 손을 씻고자 하는 충동이 줄어드는 것을 느꼈습니다. 나는 그 요구의 기저까지 파악했는데, 내가 더러운 존재라는 것은 아니었습니다. 이제 내가 손을 씻기 원할 때, 혹은 내가 불편하다고 느낄 때조차 지도를 작성하고 나면, 숨겨진 요구를 알아낼 수 있기 때문에 웃을 수 있습니다. 그것은 마치 퍼즐의 마지막 조각을 찾는 것과 비슷합니다. 나는 요구를 일찍 알아내서 동일성 시스템이 활성화되는 것을 막을 수 있습니다.

한 달 뒤, 그의 지속적인 지도 작성 연습은 다른 요구까지 알아내는 데 도움을 줘서 여러 외상 후 스트레스 증상들이 상당히 완화되었습니다. 그가 말했던 대로 첫 번째 단계는 잘 드러나는 분명한 요구를 인식하는 것입니다. 그런 다음 매일의 과제를 함으로써, 지금 당장은 분명하지 않은 당신의 다른 요구(잠재된 요구)를 발견하게 될 것입니다.

하루 동안 동일성 시스템이 긍정적이고 부정적인 자기대화를 어떻게 이야기줄기로 꾸며내는지 관찰하세요. 어떤 상황이었습니까? 잠재된 요구를 기록해 보세요.

이야기줄기	상황	요구
난 결코 직업을 갖지 못할 거야, 돈도 없고, 나는 별로야.	실직	나는 직업이 있어야만 돼.

부정적인 이야기줄기는 우리를 규정지으려 하고, 긍정적인 이야기줄기는 우리를 제한하려 합니다. 모든 이야기줄기는 우리를 과거, 미래, 혹은 둘 다로 데려가 현재에서 자유롭게 기능하지 못하도록 합니다.

1. 당신을 힘들게 하는 개인적인 주제를 이용해 문제 지도를 작성해 보세요. 타원 안에 그 문제를 쓰세요. 그런 다음 몇 분 동안 마음에 떠오르는 생각들을 타원 주위에 두루두루 적어 보세요. 자신의 생각을 수정하지 말고 빠르게 해보세요. 지도의 아래에는 신체 긴장을 기술하세요.

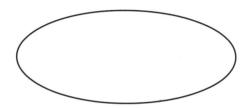

신체 긴장 : _____

　가. 당신의 마음은 복잡합니까, 아니면 명료합니까?

　_____

　나. 당신의 몸은 긴장되어 있습니까, 아니면 이완되어 있습니까?

　_____

　다. 당신의 우울유발제와 이야기줄기를 적어 보세요.

　_____

　라. 당신의 요구를 적어 보세요.

　_____

　마. 이러한 심신 상태에서 당신은 어떻게 행동합니까?

　_____

2. 이번에는 심신 자각 훈련을 이용하여 지도를 다시 작성해 보세요. 같은 문제를 타원 안에 쓰세요. 계속하기 전에 주위에서 들려오는 소리를 듣고, 앉아 있는 당신 몸의 압력을 느끼고, 바닥에 닿은 발의 감각을 느끼고, 손에 쥐고 있는 펜을 느껴 보세요. 일단 당신이 안정이 되었다고 느끼면, 손에 쥐고 있는 펜을 계속 느끼면서 쓰기 시작하세요. 잉크가 종이로 스며드는 것을 지켜보고, 주위 소리에 귀를 기울여 보세요.

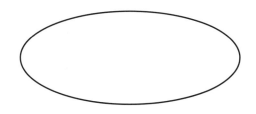

두 지도 사이의 차이점을 알아내 보세요.

가. 당신의 마음은 복잡합니까, 아니면 명료합니까?

_____

나. 당신의 몸은 긴장되어 있습니까, 아니면 이완되어 있습니까?

_____

다. 이러한 심신 상태에서 당신은 어떻게 행동합니까?

_____

오늘은 당신의 활동에 모든 심신 연결하기 기술들을 사용해 보세요.

- 심신 자각 훈련
- 생각에 이름붙이기
- 이야기줄기 자각
- 우울유발제의 활동을 인식하고 완화시키기(우울유발제와 친구되기)
- 요구를 인식하고 완화시키기

1. 어떤 일이 일어났습니까?

_____

_____

2. 당신은 우울유발제의 활동을 어떻게 인식하였습니까?

_____

_____

3. 우울유발제의 활동을 완화시킬 수 있었습니까?(우울유발제와 친구가 될 수 있었습니까?)

_____

_____

4. 당신은 요구를 어떻게 인식하고 잠재웠습니까?

_____

_____

5. 심신 연결하기 훈련이 당신의 삶에 어떤 도움을 주었습니까?

_____

_____

심신 연결하기 주간 평가 척도
부정적 생각의 지배에서 벗어나기

날짜 : _____

지난 한 주 동안 훈련이 어땠나요? 당신에게 가장 잘 맞는 곳에 체크(✓)하세요.

얼마나 자주……	거의 없음	가끔	보통	거의 항상
부정적인 자기대화와 신체 긴장을 우울유발제의 신호로 인식했습니까?	___	___	___	___
우울유발제가 지나치게 작용하여 당신의 기분을 완전히 망쳐 놓았다는 것을 인식했습니까? (손상된 자기)	___	___	___	___
우울유발제와 연관된 신체 감각의 위치를 인식했습니까?	___	___	___	___
하루 동안 우울유발제의 활동을 알아채면서, 생각에 이름붙이기를 사용하여 우울유발제와 친구되기의 이점을 경험했습니까?	___	___	___	___
이야기줄기를 인식했습니까?	___	___	___	___
손상된 자기가 동일성 시스템에서 비롯되었으며, 근거 없는 믿음이라는 것을 알게 되었습니까?	___	___	___	___
동일성 시스템이 잠잠해졌을 때, 정상적인 기능을 인식했습니까?	___	___	___	___

우울유발제와 함께 나타나는 주된 신체 긴장을 알아차렸으면 적어 보세요.

_____

세 가지 부정적인 이야기줄기의 주제를 적어 보세요.

_____

_____

우울유발제와 함께 나타나는 세 가지 행동을 적어 보세요.

_____

_____

우울유발제와 친구가 되고 정상적으로 기능하는 것이 잘 됩니까?

_____

제4장

당신이 한 최선의 노력은
왜 나쁜 결과를 초래할까

짐은 이라크와 아프가니스탄 전쟁에 참전했던 28세 퇴역군인으로 많은 전투를 목격하고 2년 전 제대했습니다. 그는 계속해서 '흥분된' 느낌을 받았고, '짜릿함', 즉 위험한 활동을 추구했습니다. 그는 간혹 특정한 사회적 상황을 피해야만 했습니다. 또 어떤 때는 긴장하고, 신경질적이고, 좌절감을 느끼기도 했습니다. 가만히 있을 수 없는 것은 자신이 약해서라고 생각했고, 그런 생각은 입대하기 전의 모습으로 되돌아가기 위해 더욱 열심히 노력하도록 그를 압박했습니다. 그는 증상에 대한 생각을 몰아내고, 낙관적으로 생각하고, 다른 사람들이 그가 무엇이든 통제할 수 있다고 생각하게 만들어서 모든 것이 정상이라고 자기 자신에게 말하려고 했습니다. 그는 자신이 민간인 생활에 적응하기 어려운 것이 정상이라고 여겼으며, 시간이 지나면 나아질 것이라고 생각했습니다. 하지만 그의 증상은 나아지지 않았고, 직장과 결혼생활은 매우 위태로워졌습니다.

이 장은 '더 열심히 노력해.', '더 강해져.'와 같이 강요받는 느낌이 왜 결코 도움이 되지 않는가에 초점을 맞추었습니다. 예를 들면, 짐은 그의 증상에 굴복하기보다는 그것들에 대해 전쟁을 선포했습니다. 그는 무력감이나 나약함의 신호를 보자마자, 자신을 더 열심히 노력하도록 밀어붙였습니다. 그의 노력이 예상했던 것보다 너무 단기간에 끝나 버렸기 때문에, 그는 자신이 고장 난 상태라고 믿게 되었습니다. 그가 무슨 노력을 하든, 어떤 것도 충분하지 않았고, 그 결과 마음의 복잡함과 신체 긴장은 더 심해졌습니다. 그가 아무리 열심히 노력하고 아무리 잘해도 내면의 긴장은 사라지지 않았습니다. 그는 자신을 '고칠 수' 없었습니다.

수선공(fixer)은 동일성 시스템의 조력자인데, 우울유발제의 믿음직한 평생의 동반자입니다. 우울유발제와 수선공은 동일성 시스템을 지속시키고, 파멸적인 심신 상태, 즉 손상된 자기가 되게 합니다. 당신의 수선공은 당신과 세계를 고치는 방법에 초점을 맞춘 과활성화된 생각과 이야기줄기를 만들어 냅니다. 수선공은 당신의 활동에 급박감과 압박감을 가져오고, 수선공이 활동할 때는 어떤 것도 결코 충분하지 않게 됩니다. 수선공은 당신이 손상되었다는 잘못된 믿음에서부터 시작하여, 당신을 고치려 하고, 그것이 정말로 당신에게 도움이 될 거라고 믿게 만듭니다. 깊이 뿌리 박힌 우울유발제가 '어떤 것도 결코 충분하지 않아.', '더 노력해.', '더 많이 해.', '더 똑똑해져.', 또는 '더 강해져.'와 같은 생각들로 당신의 마음을 채울 때, 신체 긴장은 증가하고, 이로써 당신은 수선공을 인식할 수 있습니다. 당신이 무엇을 해내든지 간에 우울유발제는 '아직 멀었어.'라고 말합니다.

짐은 자신의 수선공이 운전석에 있었다는 것을 몰랐습니다. 그는 손상된 기능과 치유 부족 상태가 자기 인생의 '정상적인' 부분이라고 믿었습니다. 그의 전투 경험은 동일성 시스템을 활성화시켰고, 외상 후 스트레스 장애 증상은 자신을 손상된 것으로 경험하게 했습니다. 짐의 최선의 노력에도 불구하고 수선공은 결코 그의 손상된 자기를 고칠 수 없었습니다.

서문을 기억해 보면 손상된 자기란 상처, 질병, 외상, 유전자 때문에 발생하는 정신이나 신체의 기능 이상을 말하는 것이 아닙니다. 과활성화된 동일성 시스템이 당신을 불완전하고, 제한되고, 손상되었다고 느끼게 만들고, 당신의 치유를 가로막을 때, 당신의 심신 상태가 바로 손상된 자기입니다. 수선공은 손상된 자기를 고칠 수 없습니다. 왜냐하면 수선공은 심신의 '손상된 자기' 상태를 일으키는 바로 그것, 즉 동일성 시스템의 일부이기 때문입니다.

짐은 심신 연결하기 기술을 사용하여 특정한 신체 긴장과 정신적 압박감을 알아차림으로써 자신의 수선공을 인식하기 시작했습니다. 그는 수선공이 야기한 스트레스와 중압감을 알아차렸는데, 처음에는 그렇게 하기 어려웠습니다. 왜냐하면 더 열심히 노력하고, 싸우고, 장애를 극복하는 것이 그의 본성의 일부였기 때문입니다. 그러나 곧 '고치기'에 대한 요구는 결코 끝이 없다는 것을 알아차렸고, 수선공과 함께 오는 부가적인 긴장을 느꼈습니다. 그는 모든 수선공의 생각(예: '더 강해져.' 또는 '성공해야 해.')에는 뿌리 박힌 우울유발제의 생각(예: '나는 약해.' 또는 '나는 실패자야.')이 있다는 것을 발견했습니다. 그는 자신에게 동기를 부여했던 것이 성공이 아니라는 것을 명백하게 인식했습니다. 그가 아무리 많은 성공을 했더라도 긴장은 결코 사라지지 않았으며, 마음의 평화나 행복감을 결코 찾지 못했습니다. 그는 일상 활동에서 자신의 가슴이 조일 때마다 이것이 우울유발제와 수선공이 작동함에 따라 드러나는 징후라는 것을 깨달았습니다. 그는 일상생활에서 심신 연결하기 기술을 사용하여 자신을 덜 몰아붙였고, 더 많이 성취하면서 외상 후 스트레스 장애 증상은 감소했습니다. 짐은 정상적으로 기능하는 것이 어떤 것인지, 그리고 동일성 시스템이 일으킨 장애로부터 벗어나는 것이 어떤 것인지 배우게 되었습니다.

이제 당신 차례입니다.

1. 하루 동안 수선공의 징후에 주목하세요. 자기 자신과 세상을 스스로 고쳐야 한다고 생각하게 만드는 신체 긴장과 다급한 자기대화(이야기줄기)를 알아냄으로써 그 징후들을 인식할 수 있다는 사실을 기억하세요.

활동	신체 긴장과 위치	이야기줄기	수선공의 생각
일하러 가기	두통, 흉부 압박감	또 늦을 수는 없어, 왜 더 일찍 일어나지 않았지? 차도 막히는데……	노란 불일 때 지나가라, 더 빨리 운전하라. ✓

　　당신의 기록을 검토하고, 강한 정신적 압박감이나 긴박감이 뒤따르는 수선공 옆에 체크 표시를 하세요. 수선공과 함께 나타나는 신체 긴장의 다른 특징(위치, 형태, 혹은 둘 다)을 찾을 수 있는지 보세요.

　　수선공은 당신이 문제를 해결할 수 없을 것 같을 때조차도 관련되어 있을 수 있습니다. 당신이 잠자려고 할 때, 어떤 상황이 계속해서 당신의 마음속에 떠오릅니다. 동일성 시스템의 수선공은 전면 가동 중이며, 모든 것을 어떻게 해결할지 궁리하며, 당신의 수면을 방해합니다. 편안한 밤잠을 위해서 심신 자각 훈련을 사용하는 것을 기억하세요.

2. 수선공 지도(fixer map)를 작성하세요. 타원 주위에 '나는 내 삶을 어떻게 개선시키려고 하는가'에 대해 떠오르는 생각들을 적어 보세요. 당신의 생각들을 편집하지 말고, 3~4분 동안에 신속하게 써 보세요.

가. 당신의 전반적인 지도를 보면 어떻게 느껴집니까?

평온한 _____ 긴장된 _____ 압도된 _____

지도에 있는 표현들은 당신의 자기관리와 책임감에 대한 수선공의 생각이거나 건강한 생각(자연스러운 기능에서 나온)일 것입니다. 수선공이 당신의 일상적 활동 중 어떤 것에 지장을 주는지를 아는 것이 중요합니다. 한 가지 방법은 지도에 있는 각각의 항목에 대해 생각하고, 당신이 자기 개선 목표를 향해 가는 것을 생각할 때 신체 긴장이 얼마나 큰지 알아보는 것입니다.

나. 지도의 각 항목 옆에 다음 기호 중 하나를 사용하여 신체 긴장의 정도를 기록하세요. 신체 긴장이 없으면 0, 약하면 +, 보통이면 ++, 심하면 +++. 오늘의 과제 말미에 있는 예시 지도를 보면 도움이 될 것입니다.

신체 긴장이 동반되는 생각들은 당신의 수선공이고, 신체 긴장이 동반되지 않는 생각들은 정상적인 기능에서 나온 것입니다. 그 둘의 차이를 말하는 것은 어렵습니다. 생각에 동반되는 신체 긴장은 당신의 수선공이 활동하고 있다는 것을 의미합니다. 수선공은 또한 정신적 절박감을 유발하고, 당신에게 행동하라는 과도한 압박을 만들어 냅니다. 정상적인 기능은 당신이 세상을 생각하고 느끼고 보는 방법이며, 동일성 시스템이 잠잠할 때 작용한다는 것을 기억하세요. 당신이 정상적으로 기능하고 있을 때, 목표에 도달하지 못하면 당신은 당연히 자연적으로 실망하게 됩니다. 그러나 당신이 수선공의 목표에 도달하지 못하면 당신은 끔찍하다고 느끼게 됩니다.

다. 앞의 지도에서 당신의 수선공들을 적어 보세요.

_____

_____

라. 앞의 지도에서 정상적인 기능에서 나온 생각들을 적어 보세요.

_____

_____

마. 제3장의 첫째 날에 했던 우울유발제 지도를 이 수선공 지도와 비교하면 도움이 될 것입니다.

　1) 어떤 지도가 전체적인 에너지 수준이 더 높은가요? (당신을 더 기분 좋게 만드나요?)

　　우울유발제 지도 _____　수선공 지도 _____

　　수선공(그것은 당신을 더 기분 좋게 만든다.)에 동반된 높은 에너지 수준이 드문 일은 아닙니다. 이렇게 높은 엔돌핀 수준은 당신이 수선공을 인식하지 못하게 하는데, 왜냐하면 당신이 그 생각들을 좋게 느끼게 되기 때문입니다. 이로 인해 그 생각들이 "술을 더 마셔, 다른 사람보다 더 빨리 운전해, 더 일해."일 때, 당신은 중독, 위험을 수반하는 활동, 과로하기 쉬워집니다. 수선공이 활동할 때, 수선공은 행동의 결과에 대한 당신의 판단을 손상시킵니다.

　2) 우울유발제 지도와 수선공 지도에 있는 항목들을 연결해 보세요.

_____

_____

　3) 두 지도에 있는 생각들에 동반되는 신체 긴장의 위치, 양상, 강도의 차이에 주목하세요. 예를 들면, 우울유발제 지도에 있는 신체 긴장은 위장 주위이고, 몸은 무겁고 둔감하게 느껴졌습니다. 수선공 지도에서는 신체 긴장은 가슴과 머리이며, 초조한 느낌이었습니다.

_____

_____

　　신체 긴장의 강도와 이야기줄기의 이끄는 힘이 당신의 수선공이 활동 중이라는 중요한 신호입니다. 이야기줄기는 현재의 활동을 잘 처리하는 당신의 능력을 수선공이 제한하고 있다는 신호입니다.

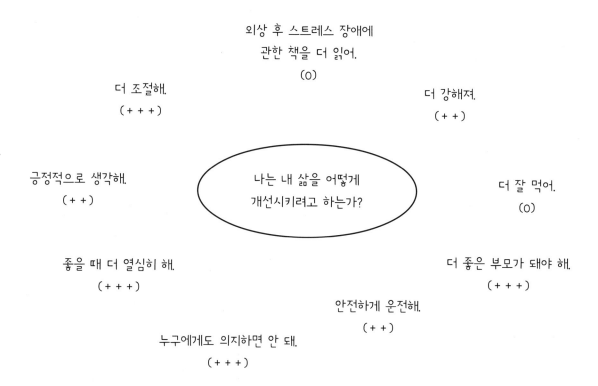

당신이 자기 개선 목표를 성취하려고 노력하는 것에 관한 생각을 할 때, 동반되는 신체 긴장 수준이 ++, +++인 수선공에 주목하세요. 예를 들면, '독립적이어야 해.', '다른 사람에게 의지하면 안 돼.', '좋을 때 더 열심히 해.', '더 좋은 부모가 돼야 해.', '더 조절해.', '더 강해져.', '긍정적으로 생각해.', '안전하게 운전해.'

당신이 자기 개선 목표를 위해 노력할 때, 정상적인 기능(신체 긴장 없이, 0)에서 나오는 생각에도 주목하세요. 예를 들면, '외상 후 스트레스 장애에 관한 책을 더 읽어.' 또는 '더 잘 먹어.'

수선공의 활동은 여러 형태로 나타납니다. 예를 들면 조지는 일주일에 2~3번 잔디를 깎습니다. 그는 '결코 충분하지 않기' 때문에 항상 완벽하게 하려고 했습니다. 마리는 끝이 없는 회전목마 위에 있는 것과 같았으며, 분주하게 자녀들의 요구를 맞추느라 지쳐 있었습니다. 마이크는 직장에서 자신을 혹사시킨 결과 혈압을 낮추기 위해 약을 먹어야 했습니다. 레이는 '좋은 남편'이 되기 위해 지나치게 애를 쓴 나머지 아내가 그를 버리고 떠날 뻔했습니다. 레리는 트라우마로 인한 증상들에 압도되어 매일 위스키 한 병으로 자신을 '고치려고' 했습니다. 톰은 빠른 속도로 운전할 때 흥분되었고, 자신이 살아 있다고 느끼게 되었습니다. 그리고 테드는 항상 화가 나 있었습니다.

우리 모두는 수선공의 비상한 능력에 대해 읽었거나 몸소 경험했습니다. 칼 메닝저(Karl Menninger, 제2차 세계대전 참전군인들이 겪은 트라우마의 효과에 관한 최고 전문가 중 한 사람)는 자신에게 맞서는 사람(*Man Against Himself*)이라는 자신의 책에서 자살이란 '자기가 자기를 살해하는 것이다.'라고 썼습니다. 자살은 개인을 죽여 버림으로써 고통받는 심신을 고치려고 애쓰는 수선공의 방법입니다. 그것은 수선공의 힘이 최고조에 달했을 때입니다.

1. 하루 동안 수선공이 활동할 때마다 당신의 신체 긴장, 이야기줄기, 정신적 압박감, 행동들에 주목하세요. 당신이 행동하도록 재촉하는 정신적 압박감을 수선공이 어떻게 만들어 내는지에 주목하세요. 당신의 행동을 유도하거나 당신에게 압도되거나 마비된 느낌을 줄 수 있습니다. 수선공이 요구의 틀을 만들어 내는 방식을 자각하세요. 수선공은 '나는 하지 않으면 안 돼, 나는 반드시, 나는 절대로 또는 나는 꼭!' 이라는 생각에 당신을 가둡니다. 당신은 수선공이 활동할 때 우울유발제의 신호를 인지했습니까? 당신은 무엇을 알아냈습니까?

가. 당신이 관찰한 것을 쓰세요.

_____

_____

_____

_____

수선공의 실제 효과는 동일성 시스템을 지속시키는 것입니다. 그렇게 해서 수선공은 손상된 자기를 강화시킵니다. 때때로 수선공은 근원적인 동기를 감추고, "더 운동하라, 더 잘 먹어라, 더 잘 자라, 더 열심히 일하라, 인생을 즐겨라, 혹은 더 좋은 부모가 되어라."와 같은 긍정적인 생각들을 사용합니다. 그러나 수선공이 "길에서 만나는 모든 사람을 모른 척해라, 저 녀석을 때려 눕혀라, 코카인을 더 흡입해라, 시련에서 도망쳐라."와 같은 생각을 사용할 때, 그것의 동기는 더 명확합니다. 손상된 자기를 고치려고 애쓸 때, 수선공이 만드는 거대한 압박감을 결코 과소평가하지 마세요. 당신은 수선공과 맞서 싸울 수 없습니다. 예를 들면, 술을 마시거나 약물을 사용하려는 충동은 수선공으로부터 나오기도 하지만, 금주와 약물 사용 중단을 강요하는 다른 수선공을 가지고 있다면 불에 기름을 끼얹게 되며, 요요 현상을 불러일으킵니다. 수선공이 특정 행동을 유도하는 것을 적극적으로 자각한다면, 당신에 대한 수선공의 힘이 줄어들게 됩니다.

나. 중독, 위험한 행동, 과로, 분노, 짜증과 연관된 당신의 활동은 어떤 것이든 각별히 기록하세요. 수선공이 행사하는 정신적·육체적 압박감을 알아차렸습니까? 잠재된 우울유발제를 찾을 수 있습니까? 정신적 압박감의 수준이 없을 때는 0, 약할 때는 +, 중간 정도는 ++, 심할 때는 +++로 기록하세요.

상황 혹은 행동	정신적 압박감	수선공	우울유발제
과음 과로 오래 기다림	+++ +++ +++	난 술이 필요해. 나는 더 열심히 일해야 해. 쿵쿵거리며 방에서 나가기.	난 비참한 만신창이야. 나는 결코 그것을 끝내지 못할 거야. 나는 존중을 받지 못해.

수선공이 활동적일 때 수선공이 당신의 판단에 지장을 줍니까? 예 _____ 아니요 _____

수선공을 만족시킬 만큼 충분히 해낼 수 있었던 적이 있습니까? 예 _____ 아니요 _____

잠재된 우울유발제를 인지하고 친구가 되는 것이 수선공이 유발한 지나친 정신적·신체적 압박감을 줄이는 데 꼭 필요합니다. 우울유발제가 없다면 수선공은 무력합니다.

2. 수선공 지도를 작성하세요. 타원 주위에 '나는 내 삶을 어떻게 개선시키려고 하는가'에 대해 떠오르는 생각들을 적어 보세요. 당신의 생각들을 편집하지 말고 3~4분 동안에 신속하게 해보세요.

나는 내 삶을 어떻게
개선시키려고 하는가?

가. 지도에 있는 개별 생각들의 목표에 도달하려고 할 때, 당신이 느끼는 신체 긴장의 위치와 정신적 압박감의 양을 아래 표에 적으세요.

나. 각각의 생각에 대해서 잠재된 우울유발제와 요구를 인식해 보세요.

수선공 생각	신체 긴장	정신적 압박감	우울유발제	요구
살을 빼기 위해 더 노력해라.	가슴 답답함과 속 불편함	+ +	난 뚱뚱해.	날씬해져야 해.

당신의 수선공 항목들은 당신을 동일성 시스템의 요구에 부응하도록 하는 우울유발제에 대한 반응으로 수선공에 의해 만들어졌다는 것을 아는 것이 중요합니다. 동일성 시스템과 요구들이 휴면 상태라면 수선공과 우울유발제도 마찬가지입니다.

그러나 일단 당신의 요구 중 하나를 위반함으로써 어떤 사건이나 상황이 동일성 시스템을 유발시키면 수선공, 우울유발제, 이야기줄기가 동일성 시스템을 유지시키는 에너지(동요)를 만듭니다.

3. 이번에는 심신 자각 기술을 사용해서 지도를 다시 작성해 보세요. 쓰기 전에 주위에서 들려오는 소리를 듣고, 앉아 있는 당신 몸의 압력을 느끼고, 바닥에 닿은 발의 감각을 느끼고, 손에 쥐고 있는 펜을 느껴 보세요. 일단 안정되었다고 느끼면, 손에 쥐고 있는 펜을 계속 느끼면서 쓰기 시작하세요. 당신의 생각을 타원 주위 여기저기에 적어 보세요. 잉크가 종이에 스며드는 것을 지켜보고, 주위 소리에 귀를 기울이세요.

나는 내 삶을 어떻게
개선시키려고 하는가?

가. 이 지도는 앞서 작성한 지도와 어떤 점에서 같거나 혹은 다릅니까?

_____

나. 지도에 있는 생각들을 한 번에 하나씩 보세요. 당신이 개별 생각들의 목표를 이루려고 할 때, 당신이 느끼는 정신적 압박감과 신체 긴장이 얼마나 큰지 자각하세요. 신체 긴장과 정신적 압박감이 거의 없는 생각들은 정상적으로 기능하는 참자기에서 나온 것입니다. 과도한 신체 긴장을 동반한 생각들에 대해 당신은 잠재된 요구를 인식할 수 있습니까? 그것들을 적어 보세요.

_____

이 지도에 있는 어떤 생각들은 앞서 작성한 수선공 지도에 있던 생각들처럼 보일 수 있습니다. 이 지도에서 심신 연결하기 기술은 수선공이 야기한 과도한 정신적·신체적 압박감을 제거했습니다.

이전에 언급했던 것처럼 수선공이 과도한 정신적 혼란, 신체 긴장, 정신적 압박감을 만들어서 활동을 방해하는 것을 자각을 통해 방지할 때, 그것을 수선공과 친구되기라고 부릅니다. 이것은 당신이 정상적으로 기능할 때 가능합니다. 당신이 일상생활에서 심신 연결하기 기술을 더 많이 사용할수록, 당신이 해야 하기보다는 당신이 원해서 뭔가를 하는 경우가 더 많아질 것입니다. 동일성 시스템의 내적인 압력 없이(즉, 동일성 시스템이 휴면 상태일 때), 당신의 일상 활동은 당신에게 더 많은 기쁨과 마음의 평화를 가져다줄 것입니다. 이런 상태에서 당신의 외상 후 스트레스 장애는 치유될 수 있습니다.

수선공과 친구되기

당신의 수선공을 인식하고 친구로 만들 수 있는 유일한 시간은 동일성 시스템이 작동하면서 수선공이 활동하는 순간입니다. 이 순간이 우울유발제와 수선공의 순환을 중단시키고, 동일성 시스템을 잠재울 수 있는 때입니다.

당신의 수선공이 활동할 때, 이런 단계가 도움이 될 것입니다.

1. 활동하는 동안 수선공을 암시하는 신체 긴장, 정신적 압박감, 얽히고설킨 이야기줄기에 주목하세요. (당신은 정신적 혹은 신체적 기능이 손상되었다는 느낌을 전혀 알아차리지 못할 수도 있습니다.)
2. 동일성 시스템을 잠재우기 위해 심신 자각 기술과 생각에 이름붙이기를 사용하세요.
3. 동일성 시스템의 우울유발제나 수선공은 그것이 왜 지속되어야 하는가에 대한 새로운 이야기줄기를 만들 수 있다는 것을 기억하세요. 이러한 이야기줄기는 당신의 판단을 손상시키고, 나중에 후회하게 되는 방식으로 행동하게 합니다.
4. 잠재된 우울유발제를 인식하고, 수선공의 진정한 동기는 손상된 자기를 바로잡는 것이라는 사실을 깨달으세요. (이미 아시겠지만, 수선공은 손상된 자기를 고칠 수 없습니다. 왜냐하면 수선공은 동일성 시스템의 일부이기 때문입니다.)
5. 당신이 하고 있는 활동보다 더 중요한 것은 누가 그것을 하는가, 즉 당신의 참자기인가 아니면 손상된 자기인가라는 사실을 기억하세요.

수선공과 친구가 되는 것은 동일성 시스템이 조용하고, 신체가 고요하며, 당신의 활동이 압박감 위주의 수선공이 아니라 당신의 참자기에 의해 이루어질 때 가능합니다. 손상된 자기는 활동 상태의 동일성 시스템이 만들어 낸 잘못된 믿음이라는 것을 당신은 체험을 통해 알게 됩니다. 당신은 망가지지 않았고 고칠 필요가 없습니다.

러스는 심신 연결하기 기술을 통해 잘 지내고 있었고, 잠도 잘 자며, 긴장이 감소하고, 외상 후 스트레스 장애 증상도 줄었다고 모임에서 말했습니다. 아내와의 관계를 포함해서 삶의 모든 부분이 변했습니다. 그리고 나서 그는 주먹을 불끈 쥐고, 화난 표정으로 말했습니다. "심신 연결하기는 더 이상 도움이 되지 않아요. 나는 당장 일해야 합니다." 그의 동일성 시스템은 '나는 가족을 낙심시킬 수 없다.'와 '나는 더 사내다워야만 해.'라는 생각을 붙잡았고, 이러한 생각에 동반된 신체 긴장(가슴의 압박감)은 수선공이 활동한다는 것을 의미했습니다. 우울유발제와 수선공은 과활성화된 동일성 시스템을 지속시키기 위해 협력합니다. 직업을 찾기 위해 그가 했던 모든 일들은 신체 긴장을 증가시켰습니다. 입이 말라서 면접에서 말하기 힘들었으며, 그의 마음은 '그래, 난 할 수 있어.' 또는 '아니야, 나는 할 수 없어.' 같은 생각들로 복잡했습니다. 자신의 생각들을 지도에 작성한 후에 러스는 그의 이야기줄기를 인식했습니다. "만일 내가 더 사내답다면, 직업을 갖는 것이 친구에게 전화하거나 소셜 네트워크로 대화하는 것만큼 쉬울 텐데……" 요구는 '나는 당장 직업을 가져야만 해.'이고, 그의 우울유발제는 '나는 남자가 아니야.'라는 것을 인식했습니다. 그는 수선공이 정상적인 기능에서 나오는 생각인 '나는 직업을 찾을 필요가 있어.'를 붙잡아, 그의 고통에 압박감과 부가적인 긴장을 더했다는 것을 깨달았습니다. 활동 상태의 수선공을 인식하고 친구가 됨으로써 (당신이 수선공을 인식하고 친구로 만들 수 있는 유일한 곳), 러스는 우울유발제와 수선공의 회전목마(순환고리)를 중단시키고 직업을 찾을 수 있었습니다.

1. 하루 동안 당신의 수선공이 얼마나 자주 활동하는지에 주목하고 기록하세요. 이야기줄기, 신체 긴장, 정신적 압박감을 야기하는 우울유발제–수선공 상호작용을 찾아보세요.

　　가. 무슨 일이 일어났나요?

＿＿＿＿＿＿＿＿＿＿＿＿＿＿＿＿＿＿＿＿＿＿＿＿＿＿＿＿＿＿＿＿＿＿＿＿＿＿

＿＿＿＿＿＿＿＿＿＿＿＿＿＿＿＿＿＿＿＿＿＿＿＿＿＿＿＿＿＿＿＿＿＿＿＿＿＿

　　나. 수선공을 어떻게 친구로 만들었나요?

＿＿＿＿＿＿＿＿＿＿＿＿＿＿＿＿＿＿＿＿＿＿＿＿＿＿＿＿＿＿＿＿＿＿＿＿＿＿

＿＿＿＿＿＿＿＿＿＿＿＿＿＿＿＿＿＿＿＿＿＿＿＿＿＿＿＿＿＿＿＿＿＿＿＿＿＿

　　다. 변화된 행동과 그대로인 행동은 무엇인가요?

＿＿＿＿＿＿＿＿＿＿＿＿＿＿＿＿＿＿＿＿＿＿＿＿＿＿＿＿＿＿＿＿＿＿＿＿＿＿

＿＿＿＿＿＿＿＿＿＿＿＿＿＿＿＿＿＿＿＿＿＿＿＿＿＿＿＿＿＿＿＿＿＿＿＿＿＿

2. 앞으로 며칠 동안 해치워야 하는 모든 것을 신속히 적어 보면서, 해야 할 일 지도를 작성해 보세요. 3~4분 정도 적어 보세요. 활동에 동반된 신체 긴장에 주목하세요. 뒤에 제시된 예시 지도를 보면 도움이 될 겁니다.

가. 수선공과 정상적인 기능의 차이점을 말해 보세요. 정상적으로 기능하는 참자기는 오직 동일성 시스템이 쉬고 있을 때에만 나타나며, 신체 긴장이 전혀 없을 때를 의미한다는 사실을 기억하세요.

지도 항목	신체 긴장	수선공	우울유발제	정상적인 기능?
보훈처 혜택 신청하기	+ + +	예	나는 그들이 내가 원하는 걸 절대 주지 않을 거란 것을 안다.	아니요
전기세 내기	0	아니요	없음	예

나. 심신 자각과 생각에 이름붙이기 기술을 사용해서 표에 있는 수선공 항목들을 다시 살펴보세요. 정상적인 기능은 삶의 동력입니다. 그것은 쉽게 말해 동일성 시스템이 무엇을 보태거나 버림 없이 이뤄지는 일상생활의 모든 활동입니다.

┌───┐
│   **해야 할 일 지도 예시**   │
└───┘

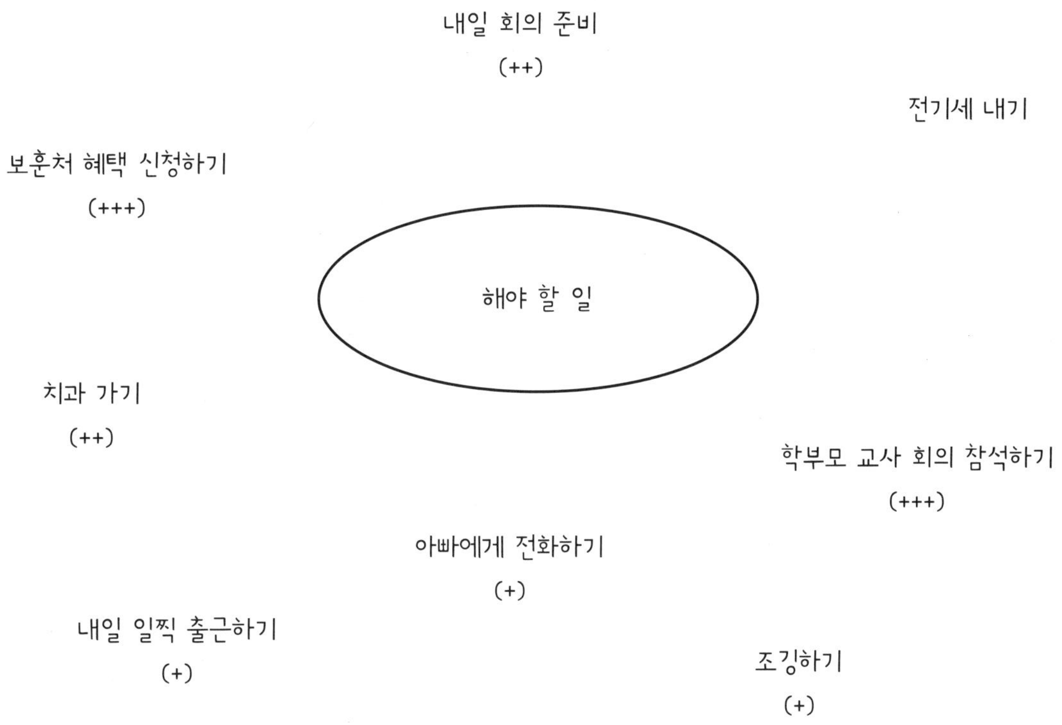

내일 회의 준비

(++)

전기세 내기

보훈처 혜택 신청하기

(+++)

해야 할 일

치과 가기

(++)

학부모 교사 회의 참석하기

(+++)

아빠에게 전화하기

(+)

내일 일찍 출근하기

(+)

조깅하기

(+)

둘째 날 소개한 마리와 그녀의 아이들을 기억하시나요? 그녀는 심신 자각 기술을 사용하는 법을 기억해 내기 전까지 수선공이 만들어 낸 생각과 정상적인 기능에서 나오는 생각의 차이를 구별하기 힘들었습니다. 이제 그녀는 소나기에서 벗어나 비교적 평온한 몸과 마음을 갖게 되었습니다. 그녀가 시계를 보며 '애들이 학교에 늦을 거야.'라는 생각을 하고 어깨가 뭉치는 것을 느낄 때, 그녀의 통상적인 반응인 "학교에 늦을 거야! 서둘러!"라고 소리지르는 것이 수선공이라는 것을 알고 있습니다. 그녀는 창 밖의 차 소리를 듣고, 현관을 가로질러 걸어갈 때 발의 느낌을 느끼고, 어깨가 쳐지는 것을 느끼면서 차분히 아이들을 모두 불러 모읍니다. 그녀는 수선공과 친구가 되면서 정상적인 기능 상태로 돌아옵니다.

　당신이 지도에서 수선공의 활동을 찾아낼 수 있는 지금이 바로 수선공과 친구가 될 시간입니다. 당신의 수선공과 친구가 될 최적의 시간은 과도한 신체 긴장, 이야기줄기, 정신적 압박감, 압도된 느낌 등을 알아차리고 있는 활동 가운데라는 사실을 기억하세요. 수선공과 친구가 되려면, 당신은 강력한 심신 자각 기술을 가지고 있어야 합니다. 고요한 동일성 시스템을 갖는다는 것이 어떤지를 알 때에만 당신은 수선공이 활동 중이라는 것을 인식할 수 있습니다. 왜냐하면 동일성 시스템의 방해로 인해 수선공과 정상적인 기능의 차이를 구별하기 어렵기 때문입니다. 수선공은 우리의 삶에서 끊임없이 지속되어, 우리 대부분은 수선공의 활동을 '그건 바로 나야.'라고 여깁니다. 당신은 얼마나 많이 '그건 바로 나야.'라는 태도로 당신의 신체 긴장을 무시하고 복잡한 마음을 묵살했나요? 동일성 시스템이 안정되어 있을 때, 당신은 단순히 수선공의 활동을 자각하고, 당신이 하고 있던 일에 당신의 자각을 되돌림으로써 수선공과 친구가 될 수 있다는 것을 기억하세요.

1. 하루 동안 수선공이 유발한 활동과 정상적인 기능에서 나온 활동의 차이에 주목하세요.

활동	수선공의 숨길 수 없는 흔적	사용한 심신 연결하기 기술	결과
아이들 등교 준비하기	숨을 빨리 쉬고, 발가락이 말리고, 하지 않으면 죽을 것 같은 급박한 느낌	주변의 소리를 듣고, 내 몸을 자각하려고 함	차분히 아이들 등교 준비를 마침

2. "만일 내가 수선공을 포기하면 나에게 무슨 일이 일어날까?"라는 제목의 지도를 작성해 보세요. 수선공을 포기하는 상상을 할 때 마음속에 떠오르는 것을 간단히 적어 보세요. (예 : 나는 아무런 의욕이 없을 거야, 나는 직장을 잃게 될 거야, 나는 아무것도 해내지 못할 거야. 나는 성공하지 못할 거야, 또는 나는 결코 회복하지 못할 거야.) 3~4분 동안 쓰세요. 지도의 아래에 신체 긴장을 기술하세요.

```
        ╭───────────────────────────╮
       ╱  만일 내가 수선공을 포기하면    ╲
      │   나에게 무슨 일이 일어날까?      │
       ╲                             ╱
        ╰───────────────────────────╯
```

신체 긴장 : _____

　가. 당신의 마음은 복잡합니까, 아니면 명료합니까?

_____

　나. 당신의 몸은 긴장되어 있습니까, 아니면 이완되어 있습니까?

_____

　다. 당신의 요구는 어떤 것들입니까?

_____

　라. 이런 심신 상태에서 당신은 어떻게 행동합니까?

_____

　　어떤 사람들은 이 지도에 대해 심한 두려움을 느낍니다. 그들의 동일성 시스템은 아주 강해서 그것이 진정한 자신이라고 느낍니다. 그들은 마치 수선공 없이는 자신의 존재를 상실하게 되며 아무것도 남지 않은 것처럼 느낍니다. 사람들이 공통적으로 갖고 있는 몇 가지 두려움입니다. '수선공을 포기하는 것은 내 오른팔을 포기하는 것과 같을 거야!' 그리고 '만약 내가 수선공을 벗어 던진다면, 나는 곧 망가질 거야.'

3. 이번에는 심신 자각 기술을 사용해서 이전의 지도를 다시 작성해 보세요. 쓰기 전에 주위에서 들려오는 소리를 듣고, 앉아 있는 당신 몸의 압력을 느끼고, 바닥에 닿은 발의 감각을 느끼고, 손에 쥐고 있는 펜을 느껴 보세요. 일단 당신이 안정이 되었다고 느끼면, 손에 쥐고 있는 펜을 계속 느끼면서 쓰기 시작하세요. 잉크가 종이로 스며드는 것을 지켜보고, 주위 소리에 귀를 기울여 보세요. 3~4분 동안 적어 보세요.

만일 내가 수선공을 포기하면
나에게 무슨 일이 일어날까?

가. 이 지도는 앞서 작성한 지도와 어떤 점에서 같거나 혹은 다릅니까?

_____

_____

나. 당신은 정상적으로 기능하는 참자기를 경험할 수 있나요? 예 _____ 아니요 _____

동일성 시스템이 잠잠하다면, 당신의 참자기는 정상적으로 기능합니다. 이처럼 통합되고 조화로운 심신 상태에서 당신 자신을 돌보고 책임을 다하기 위해 당신 안에 내재된 치유, 선량함, 지혜의 능력에 다가서게 됩니다.

레리는 외상 후 스트레스 장애에 시달리는 자신의 삶을 고치려는 시도로 술을 마셨습니다. 그는 하루 종일 왜 자신이 술을 마시고 싶은지에 대한 이유를 짜내었습니다. 이야기줄기에는 아내(그녀는 여동생과 하루 종일 얘기만 나누면서 집은 치우지도 않고 저녁식사를 차려 주지도 않아.)와 심지어 일상적인 운전(이렇게 많은 빨간 신호등이 있다는 것을 믿을 수가 없어. 그들은 자기들이 무엇을 하고 있는지도 몰라.)도 포함되었습니다. 그는 또한 자신과 군부대가 어떻게 그렇게 가까워졌는지, 그들에게 어떻게 항상 의지할 수 있었는지, 그들이 어떻게 자신이 겪은 일을 이해해 주는 유일한 사람들이 되었는지에 대한 이야기줄기도 꾸몄습니다. 우울유발제와 수선공의 악순환이 계속해서 그를 이야기줄기 속에서 살도록 했습니다.

1. 하루 동안 우울유발제와 수선공에 이끌릴 때 당신이 만들어 내는 이야기줄기에 주목하세요. 이야기줄기는 주로 과거의 어려움이나 미래의 두려움 혹은 소망에서 소재를 가져옵니다. 긍정적이든 부정적이든 간에 그것은 당신을 현재에 머물지 못하게 합니다. 우울유발제와 수선공이 함께 작용하면 이야기줄기가 지속되도록 항상 강한 필요성과 압박감을 만들어 냅니다. 당신이 동일성 시스템의 이야기줄기에 주목할 때, 당신의 자각은 손에 든 과제로 되돌아갑니다. 활동 중에 당신은 동일성 시스템의 이야기줄기에서 정상적인 기능으로 옮겨갈 수 있습니까?

가. 오늘 관찰한 이야기줄기를 쓰세요. 그리고 그 이야기줄기를 지속시키는 우울유발제와 수선공으로부터의 압박감에 주목하세요.

_____

_____

나. 당신이 집착하는 충동적인 행동(음주, 과식, 분노, 과속 운전 등)과 이야기줄기는 무엇이었나요?

_____

_____

다. 당신의 수선공을 알게 되었을 때, 당신은 그것과 어떻게 친구가 되고, 동일성 시스템의 이야기줄기에서 정상적인 기능으로 옮겨갈 수 있었나요?

_____

_____

2. 우리 모두는 우리의 바람에도 불구하고 하지는 못했지만 하기를 바라는 뭔가를 가지고 있습니다. 당신이 알아낸 가장 하기 어려운 것을 타원 안에 적어 보세요. 당신이 그것에 대해 생각할 때 마음 속에 떠오르는 것은 무엇이든 적어 보세요. 3~4분 동안 쓰세요. 지도의 아래에 신체 긴장을 기술하세요.

내가 가장 하기 어려운 것

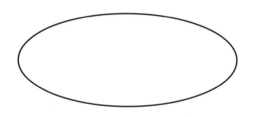

신체 긴장 : _____

가. 과활성화된 동일성 시스템의 징후에 주목하세요.

신체 긴장	예 _____ 아니요 _____		복잡한 마음	예 _____ 아니요 _____
정신적 압박감	예 _____ 아니요 _____		우울유발제	예 _____ 아니요 _____
수선공	예 _____ 아니요 _____		이야기줄기	예 _____ 아니요 _____
요구	예 _____ 아니요 _____			

나. 당신은 동일성 시스템이 당신 삶을 어떻게 방해하는지 알았습니까? 예 _____ 아니요 _____

3. 아래 타원에 동일한 것을 쓰고 지도를 다시 작성하세요. 쓰기 전에 주위에서 들려오는 소리를 듣고, 앉아 있는 당신 몸의 압력을 느끼고, 바닥에 닿은 발의 감각을 느끼고, 손에 쥐고 있는 펜을 느껴 보세요. 일단 안정되었다고 느끼면, 마음속에 떠오르는 생각은 무엇이든 타원 주위에 적으세요. 잉크가 종이로 스며드는 것을 지켜보고, 계속해서 주위 소리에 귀 기울이세요. 3~4분 동안 쓰세요.

심신 연결하기를 사용한 '내가 가장 하기 어려운 것'

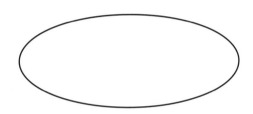

가. 이 지도는 앞서 작성한 지도와 어떤 차이가 있습니까?

_____

_____

_____

나. 정상적으로 기능하는 참자기가 당신이 필요한 행동을 하게 만듭니까?

예 _____ 아니요 _____

테드는 대부분의 시간 동안 예민했습니다. 그는 사소한 일에도 폭발하였습니다. 운전 중에 분노하는 경향 때문에 그는 종종 다른 사람들을 해치지 않도록 자신을 억눌러야만 했습니다. 예를 들면, 누군가가 너무 천천히 운전할 때면 언제나 그의 목에는 핏대가 서고, 얼굴이 붉어지고, 머리가 욱신거렸습니다. 테드는 '시속 70km 구간에서 시속 40km로 운전하는 사람은 총으로 쏴 죽여야 해!'라고 생각했습니다. 그는 '자신을 가라앉히는' 효과적인 도구로 심신 자각 기술과 생각에 이름붙이기를 사용하기 시작했습니다. 훈련을 계속하면서 그는 자신의 여러 요구 사항들(예 : 우편물이 제시간에 도착해야 한다, 나를 기다리게 해서는 안 된다, 다른 사람들이 우리나라에 대해 무례하게 말하면 안 된다.)이 몸을 녹초로 만들어 온몸이 쑤신다는 사실을 알게 되었습니다. 분노가 자신과 세상을 고치려는 시도였다는 것을 깨닫게 되자, 그의 성격이 변했습니다. 테드는 가족의 긴급한 문제를 처리하기 위해 아내와 함께 차를 타고 급하게 달리고 있을 때, 교차로에 멈춰선 차와 마주쳤던 일에 대해 이야기했습니다. 테드의 아내는 "저 사람 좀 비키게 해봐요."라고 말했습니다. 테드는 차에서 내려 화를 내는 대신에 다음과 같은 일이 있었다고 우리에게 말해 주었습니다. "길을 잃은 노인을 만났고, 몇 분 동안 그에게 길을 가르쳐 주면서 차분히 안심시켰어요. 그러고 나서 차로 돌아갔습니다. 내 안에 그런 친절함이 있는 줄 몰랐어요."

1. 오늘 하루 일상생활 속에서 심신 연결하기 기술을 모두 사용해 보세요. 아래 방법으로 당신의 마음을 평온하게 하고, 신체 긴장을 줄이세요.

- 심신 자각 기술
- 생각에 이름붙이기

이제 평온한 마음과 이완된 몸으로 당신은 이렇게 할 수 있습니다.

- 당신의 이야기줄기를 알 수 있습니다.
- 우울유발제의 활동을 인지하고 놓아 버릴 수 있습니다. (우울유발제와 친구가 될 수 있습니다.)
- 수선공의 활동을 인지하고 놓아 버릴 수 있습니다. (수선공과 친구가 될 수 있습니다.)
- 당신의 요구를 인지하고 동일성 시스템의 활동을 놓아 버릴 수 있습니다. (당신의 요구를 진정시킬 수 있습니다.)

가. 오늘은 어떤 심신 연결하기 기술이 당신에게 도움이 되었습니까?

_____

_____

_____

_____

나. 도움이 되지 않았던 상황에는 어떤 것이 있습니까?

_____

_____

_____

_____

2. 상황 지도(situation map)를 작성하세요. 이전 단계에서 심신 연결하기 기술이 도움이 되지 않았던 가장 힘들었던 상황을 선택하세요. 타원 안에 그 상황을 쓰세요. 그런 다음 마음속에 떠오르는 생각들을 몇 분간 타원 주위에 골고루 적으세요. 생각을 편집하지 말고 신속하게 쓰세요. 지도의 아래에 신체 긴장을 기술하세요.

상황 지도

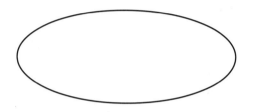

신체 긴장 : _____

　　가. 당신의 마음은 복잡합니까, 아니면 명료합니까?

_____

　　나. 당신의 몸은 긴장되어 있습니까, 아니면 이완되어 있습니까?

_____

　　다. 당신의 우울유발제와 수선공을 적어 보세요.

_____

　　라. 당신의 요구를 적어 보세요.

_____

　　마. 이런 심신 상태에서 당신은 어떻게 행동합니까?

_____

3. 아래의 타원에 똑같은 상황을 적고, 같은 지도를 다시 한 번 작성하세요. 쓰기 전에 주변의 소리를 들어 보고, 자리에 눌려지는 몸의 압력을 느껴 보고, 바닥에 있는 당신의 발의 감각을 느끼고, 쥐고 있는 펜을 느껴 보세요. 일단 안정이 되면, 손에 쥐고 있는 펜을 계속해서 느끼면서 쓰기 시작하세요. 잉크가 종이에 스며드는 것을 보고, 주변의 소리에 귀를 기울이세요. 수 분 동안 쓰세요.

심신 연결하기를 사용한 상황 지도

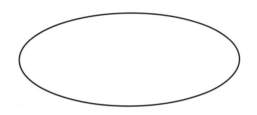

두 지도 사이의 차이점을 살펴보세요.

가. 당신의 마음은 복잡합니까, 아니면 명료합니까?

_____

나. 당신의 몸은 긴장되어 있습니까, 아니면 이완되어 있습니까?

_____

다. 이런 심신 상태에서 당신은 어떻게 행동합니까?

_____

라. 이제 당신은 이 상황을 다루는 데 준비가 더 잘 되어 있나요?   예 _____   아니요 _____

살면서 어떤 상황이 생기면 사람들은 종종 "내가 뭘 해야 하나?"라고 묻습니다. 진짜 질문은 '무엇을 해야만 하나'가 아니고 '누가 그것을 하느냐'입니다. 만일 동일성 시스템이 과활성화되어 당신의 손상된 자기가 담당하고 있다면, 당신이 '해야만 하는' 것은 어떤 것도 결코 충분히 만족스럽지 않을 것입니다. 만일 동일성 시스템이 쉬고 있다면, 당신의 참자기가 운전석에 앉아 있을 것입니다. 정상적으로 기능하는 당신의 참자기가 뭘 해야 하는지에 대한 질문에 답을 할 것입니다. 당신의 참자기가 자연스럽게 문제를 해결하기 위한 올바른 행동을 취할 때, 그 질문은 자연스럽게 해결이 됩니다.

하루 동안 누가 활동을 하는지 당신 자신에게 물어보세요. (이것은 어떤 활동에도 적용될 수 있습니다. 걷기, 부모 역할하기, 컴퓨터 사용하기, 청구서 지불하기, 일하기, 혹은 놀기도 해당됩니다.) 그것은 조용한 동일성 시스템으로부터 나오는 당신의 참자기입니까, 아니면 과활성화된 동일성 시스템에 의하여 유발된 손상된 자기입니까? 당신의 심신 연결하기 기술을 통해 당신 인생이 어떻게 변하고 있는지 주목하세요.

당신은 심신 연결하기 기술로 당신의 삶을 개선시키고 있습니다. 수선공의 부정적 효과를 인지하고 놓아 줌으로써, 당신은 계속해서 향상되고 치유됩니다. 동일성 시스템은 정적인 시스템이 아닙니다. 그것은 더 많은 수선공을 만들어 당신을 우롱할지도 모릅니다. 당신의 지속적인 향상과 치유를 위해서는 이러한 새로운 수선공들을 인지하는 것이 중요합니다. 몇 개의 예가 있습니다.

- 나는 더 잘하고 있다. 나는 이완할 수 있고 그렇게 많은 심신 연결하기는 필요 없다.
- 나는 지금 평온하다. 그래서 사람들과 술을 마셔도 된다.
- 나는 머릿속으로 지도를 작성할 수 있을 정도로 충분히 호전되었다.

- 상황이 그렇다면 간혹 폭발하는 것은 괜찮다.
- 나는 기분이 나쁠 때만 심신 연결하기가 필요하다.
- 기분이 좋을 때 나는 정상적으로 기능하고 있으며, 그렇게 해야만 한다.
- 심신 연결하기는 자유로운 선택권을 갖는 것을 의미하기 때문에 나는 언제라도 시속 130km로 가도 괜찮다.
- 정상적으로 기능하는 것은 항상 애쓰지 않는 것이므로 나는 더 이상 노력할 필요가 없다.

앞선 수선공의 예들은 자기 자신을 정상적인 기능에서 나오는 선택권인 것처럼 보이게 합니다. 그러나 그것들은 이 장에서 당신이 이미 배웠던 것과 같은 뚜렷한 징후들(신체 긴장, 정신적 압박감, 긴박한 이야기줄기, 당신 활동의 효과에 대한 불명확성)과 함께 나타납니다. 그것들에 관해 새로운 점은 당신이 그것들을 좋아하게 만드는 방식으로 자신을 드러낸다는 점입니다. 이로 인해 당신은 그것들을 수선 공으로 인지하지 못하고, 대신에 향상의 신호로 착각할 수도 있습니다. 오직 수선공과 친구가 됨으로써(넷째 날 참조), 동일성 시스템의 영향에서 벗어나 참자기가 선택을 할 수 있게 됩니다.

심신 연결하기 주간 평가 척도
당신이 한 최선의 노력은 왜 나쁜 결과를 초래할까

날짜 : _____

지난 한 주 동안 훈련이 어땠나요? 당신에게 가장 잘 맞는 곳에 체크(✓)하세요.

얼마나 자주……	거의 없음	가끔	보통	거의 항상
수선공의 조종, 긴장 그리고 끝없는 특성을 알아냈습니까?	_____	_____	_____	_____
수선공과 함께 오는 신체 감각을 자각하게 되었습니까?	_____	_____	_____	_____
수선공의 파괴적인 특성을 인지하였습니까?	_____	_____	_____	_____
수선공이 손상된 자기를 결코 고칠 수 없다는 것을 깨달았습니까?	_____	_____	_____	_____
수선공 안에 잠재된 우울유발제를 발견했습니까?	_____	_____	_____	_____
수선공과 우울유발제의 상호작용을 알았습니까?	_____	_____	_____	_____
수선공이 만들어 낸 활동과 정상적인 기능에서 나오는 활동의 차이를 알아냈습니까?	_____	_____	_____	_____
당신이 자각을 통해 수선공과 친구가 되었을 때, 긴장과 과도한 투지가 해소되는 것을 알아냈습니까?	_____	_____	_____	_____
가정과 직장에서의 기능이 호전되었습니까?	_____	_____	_____	_____

수선공이 조종하고 있을 때, 당신이 느꼈던 주된 신체 감각들을 나열해 보세요.

_____

수선공이 야기한 세 가지 행동을 적어 보세요.

_____

수선공과 함께 나타나는 이야기줄기의 세 가지 주제를 적어 보세요

_____

당신이 수선공과 친해지고 정상적으로 기능하게 되었을 때, 당신의 행동은 어떻게 변했습니까?

_____

심신 연결하기 삶의 질 척도

날짜 : _____

당신의 진척 상황을 알아보기 위해 심신 연결하기 삶의 질 척도를 다시 한 번 평가할 시간입니다. 삶의 질 척도를 완성하고, 당신이 제1장 첫째 날에 했던 것과 비교해 보세요. 향상된 점수를 얻은 자신을 축하해 주세요. 점수가 낮은 영역에 주목하세요. 낮은 점수는 당신이 아직 자각하지 못했거나 진정시키지 못한 요구와 관련이 있습니다. 이 교재의 나머지 부분은 여전히 당신의 삶에 부정적인 영향을 끼치는 잠재된 요구를 다루는 데 도움이 될 더 많은 기술들을 제공합니다. 이 교재는 당신의 자기발견과 자기치유의 여정을 기록합니다.

당신은 지난 7일 동안 아래 영역에서 어땠나요?

아래 질문을 읽고 해당하는 번호에 동그라미 하세요.	전혀 없음	며칠 동안	절반 이상	거의 매일
1. 나는 무엇인가를 하는 것에 흥미를 느꼈다.	0	1	3	5
2. 나는 낙관적이며, 신나고, 희망적이었다.	0	1	3	5
3. 나는 잘 잤으며, 개운하게 일어났다.	0	1	3	5
4. 나는 에너지가 넘쳤다.	0	1	3	5
5. 나는 과제에 집중하고, 자기훈련을 할 수 있었다.	0	1	3	5
6. 나는 건강하며, 잘 먹고, 운동하고, 즐겁게 지냈다.	0	1	3	5
7. 나는 가족과 친구와의 관계에 대해 만족한다.	0	1	3	5
8. 나는 집, 직장, 학교에서의 성취에 만족한다.	0	1	3	5
9. 현재 나의 경제적 상황이 안정적이다.	0	1	3	5
10. 나는 내 인생의 영적 토대에 만족한다.	0	1	3	5
11. 나는 내 인생의 방향에 만족한다.	0	1	3	5
12. 나는 마음의 평온과 안녕감으로 충만하다.	0	1	3	5

세부 합계 :   _____ _____ _____ _____

총점 : _____

제5장

외상 후 스트레스 장애 해소를 위한 작업

지난 한 달 동안 당신은 심신 연결하기의 기본적인 기술들을 배웠고, 당신의 외상 후 스트레스 장애를 치유하기 시작했습니다. 이 교재의 나머지 부분은 삶의 질을 떨어뜨리는 외상 후 스트레스 장애의 증상에 특별히 초점을 맞출 것입니다.

그림 5.1은 당신의 생각에 어떤 일이 일어날 수 있는지를 보여줍니다. 위쪽의 동일성 시스템 고리에서, 생각은 우울유발제-수선공 악순환을 작동시키는 요구(requirement)가 됩니다. 이것은 당신의 몸과 마음이 작동하는 방식을 방해하고, 뒤이어 당신이 손상받은 것처럼 느끼고 행동하게 만듭니다(역기능적 심신). 아래쪽의 정상적인 고리에서, 당신의 생각과 행동은 동일성 시스템과 무관합니다. 이런 통일된 상태에서 당신은 조화와 균형을 경험하고, 최상의 삶을 살게 됩니다. 당신이 누구인지 혹은 당신이 무엇을 겪었는지 관계없이 바로 지금 여기서, 당신의 참자기를 경험하고 표현할 수 있습니다. 당신의 참자기는 항상 존재합니다. 그것은 이상화된 형상이나 좋은 행동을 흉내내는 능력과 무관합니다. 정상적인 고리는 추구해야 하는 무언가가 아닙니다. 그것은 항상 당신과 함께 있고, 당신의 동일성 시스템이 쉬고 있을 때, 당신은 자동적으로 그것을 경험할 수 있습니다. 당신은 여기서 당신의 외상 후 스트레스 장애를 치유하게 됩니다.

동일성 시스템 고리는 외상 후 스트레스 장애 증상을 지속시킵니다. 이 고리에서 복잡한 마음, 신체 긴장, 제한된 자각이 당신이 생각하고 느끼고 세상을 보고 행동하는 방식에 영향을 끼치고, 자신을 치유하는 당신의 능력을 손상시킵니다. 당신을 동일성 시스템 고리로 밀어 넣는 것은 당신의 외상적 경험이 아닙니다. 당신의 동일성 시스템을 활성화시키는 것은 외상과 관련된 당신의 요구입니다.

이 장에서 당신은 자신, 다른 사람들, 상황들에 대해 당신이 가지고 있는 어떤 요구든지 지도로 작성해 볼 것입니다. 당신이 정상적인 기능 고리에 더 오래 머물수록, 당신의 요구를 인지하고 잠재우는 것이 더 빠르고 쉬워질 것입니다. 요구 진정시키기란 쉽게 말해 그것을 인지하고, "아하"라고 반응하는 순간을 경험하고, 그 요구를 내버려 둘 수 있게 되는 것을 의미합니다. 이것은 오직 실시간으로(즉, 상황이나 활동하는 동안) 일어납니다. 심신 연결하기 기술을 지속적으로 사용하는 것은 당신이 자기치유적인 정상적인 고리에서 당신의 삶의 더 많은 순간을 살게 될 것이라는 것을 의미합니다.

정상적인 고리는 당신이 태어날 때부터 갖게 되는 권리이고, 항상 존재하고, 당신의 참자기를 경험하는 곳입니다. 여기서 자기치유가 일어납니다. 자신과 세상에 대한 당신의 요구가 당신을 동일성 시스템 고리로 끌어당기는데, 거기서 동일성 시스템의 심신 교란은 당신의 삶을 손상시키고 외상 후 스트레스 장애 증상을 지속시킵니다.

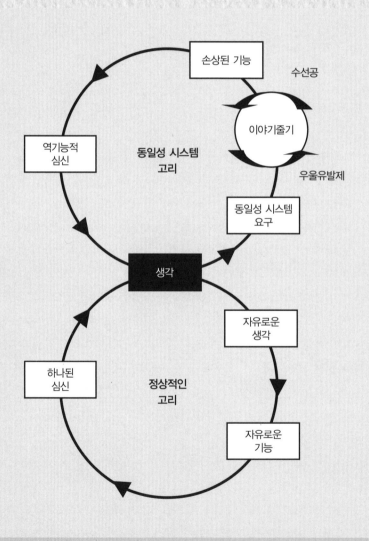

그림 5.1 동일성 시스템 고리와 정상적인 고리

존은 지방의 한 자동차 부품 가게에서 일합니다. 직장에 첫 출근한 다음날 직장동료가 그에게 이라크에서 얼마나 많은 사람들을 죽였는지 물었습니다. 존은 생각하기 시작했습니다. '도대체 이 사람은 자신이 뭐라고 생각하기에 나에게 이런 질문을 하는 거야?', '참전군인에게 얼마나 많은 사람을 죽였는지 물어보면 안 된다는 걸 알아야 돼.' 존의 마음속에 전쟁의 기억이 되살아나자 이를 꽉 깨물게 되고, 몸은 완전히 긴장되었습니다. 존의 동일성 시스템은 '아무도 나에게 이라크에 대해 물어서는 안 돼.'라는 요구에 의해 활성화되었습니다. 그가 머리를 흔들며 동료에게서 멀어졌을 때, 긴장하기 시작했습니다. 그는 자신의 이야기줄기를 떠올렸습니다. '누구도 나에게 그런 식으로 접근하면 안 돼. 나는 조국을 위해 명예롭게 근무했어. 이 사람은 이라크가 어땠는지, 내가 집에 오기까지 얼마나 힘들었는지 전혀 생각하지 않아.' 일단 요구에 의해 활성화되자, 우울유발제-수선공 악순환이 동일성 시스템을 지속시켰습니다. 우울유발제는 마음속에 떠오르는 이라크에 관한 어떤 생각이든 붙잡아서 이야기줄기를 꾸몄고, 고통스러운 심신 상태를 만들었습니다. 수선공이 뛰어들어서 긴장이 유발한 충동적인 행동과 고통스러운 감정 상태를 완화시키려 노력하였습니다. 존이 창고에 도착했을 때, 심신 고통의 급성기 증상과 징후가 분명해졌습니다. 그의 생각은 분노로 소용돌이쳤고, 자신에 관한 생각에 사로잡혔으며, 몸은 완전히 긴장되었고, 얼굴은 경직되고 찌푸려졌습니다. 존은 곧 남의 기분에 무신경한 그 동료직원을 찾아 나섰고, 그 사람에게 다가갔을 때, 시야가 좁아지고, 눈을 부릅뜨고, 생각이 점차 흐려졌습니다. 존은 그 직원의 팔을 붙잡고 소리쳤습니다. "다시는 나에게 그딴 질문은 하지 마." 그는 화가 난 채 그 사람의 눈을 노려보았고, 팔을 뿌리친 후 씩씩거리며 나갔습니다. 이러한 공격적인 행동은 우울유발제가 유발한 초조한 심신 상태를 고치려고 애쓰는 수선공의 방법입니다.

1. 하루 동안 당신이 화가 나고, 긴장 되고, 짜증나거나, 압도되거나, 혹은 외상 후 스트레스 장애 증상이 불타오를 때마다 당신 자신을 관찰하세요.

상황	요구	어떤 일이 일어났는가
에릭의 멍청한 말이 나를 화나게 했다.	에릭은 멍청한 말을 하지 말았어야 했다.	요구를 인지하지 못했고, 하루 종일 화가 났었다.

2. 오늘 다른 사람의 행동으로 인해 당신이 겪은 가장 힘든 경험을 지도로 작성해 보세요. 지도의 가장
   위에 그 행동을 쓰고 (예 : 상사가 나에게 거짓말을 했다.), 타원의 중앙에 그 사람이 어떻게 행동하
   기를 원하는지를 적으세요. (예 : 상사는 거짓말을 해서는 안 된다.) 4~5분 동안 타원 주위에 당신이
   그 사람의 행동에 대해 생각한 대로 당신의 생각을 두루두루 적어 보세요. 지도의 아래에 당신의 신
   체 긴장을 기술하세요.

힘든 경험 지도

다른 사람의 행동 : _____

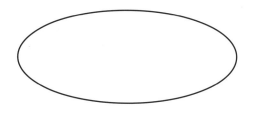

신체 긴장 : _____

　　가. 당신의 신체는 긴장되어 있습니까? 예_____ 아니요 _____

　　나. 당신의 마음은 복잡합니까? 예 _____ 아니요 _____

　　다. 당신의 고통은 다른 사람의 행동 때문입니까? 예 _____ 아니요 _____

　　라. 그 고통은 타원 안에 있는 요구 때문입니까? 예 _____ 아니요 _____

　　당신이 다른 사람의 행동으로 인해 고통이 생겼다고 믿는다면, 당신은 스스로를 환경의 피해자로
만들고 있는 것입니다. 타인이 어떻게 행동하기를 원하는 것이 당신의 요구라는 것을 인지하지 못
하는 한, 당신은 고통을 겪게 되고 동일성 시스템 고리에 머물러 있게 될 것입니다. 당신의 요구를
인지하고, 그 요구가 당신에게 어떻게 하고 있는지를 알게 되는 것만으로도 극적인 정신적 · 신체적
변화가 일어나 당신은 더 이상 환경의 피해자가 되지 않을 것입니다.

3. 당신 스스로 환경의 피해자인지 아닌지 경험해 보세요. 아래의 선과 타원에 똑같은 행동을 써 보고, 다른 사람이 어떠하기를 원하는지 써 보세요. 쓰기 전에 주위에서 들려오는 소리를 듣고, 앉아 있는 당신 몸의 압력을 느끼고, 바닥에 닿은 발의 감각을 느끼고, 손에 쥐고 있는 펜을 느껴 보세요. 일단 안정되었다고 느끼면, 손에 쥐고 있는 펜을 계속 느끼면서 쓰기 시작하세요. 잉크가 종이에 스며드는 것을 지켜보고, 주위 소리에 귀를 기울이세요.

심신 연결하기를 사용한 힘든 경험 지도

다른 사람의 행동 : _____

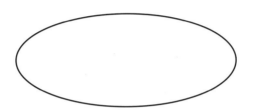

가. 이 지도는 앞서 작성한 지도와 어떤 점에서 같거나 혹은 다릅니까?

_____

_____

나. 당신은 환경의 피해자입니까? 예 _____ 아니요 _____

　당신은 이전의 지도에서 타원 안에 있는 문구가 당신의 동일성 시스템을 활성화시키기 때문에 요구라는 것을 어떻게 알게 되었습니까? 이번 지도에서는 타원 안에 있는 같은 문구가 요구가 '아닙니다'. 그것은 자연스러운 생각입니다. 왜냐하면 당신의 동일성 시스템이 잠잠해졌고, 당신의 신체 긴장과 정신적 혼란은 극적으로 감소하였기 때문입니다. 당신은 이제 그 상황을 명료한 마음과 이완된 몸으로 다룰 준비가 되었습니다. 당신의 심신 연결하기 기술은 다른 사람이 어떻게 행동을 해야 한다는 자연스러운 기대를 없애지는 못하지만, 당신의 요구가 일으킨 손상을 없애 주고, 스스로를 치유하면서 적극적이고 자신감 있게 당신의 생활 환경을 다룰 수 있게 준비시켜 줍니다.

리타는 4년 전 잔인하게 성폭행을 당한 이후, 그 장면을 회상할 때마다 항상 압도되는 느낌을 받았기 때문에 불안했습니다. 그녀는 이 교재에 있는 원리를 이용하는 피해자 모임에 참석하기 시작했습니다. 심신 연결하기 기술을 사용하면서 그녀는 자신의 요구를 인지하게 되었습니다. '나는 회상을 하면 안 돼.' 그리고 그녀는 물었습니다. "그렇다면 내 요구를 아는 것이 어떻게 회상을 멈추게 해줍니까?" 모임의 대표는 회상이란 외상적 사건이 유발한 치유되지 않은 상처가 다시 체험되는 것이라고 설명했습니다. 리타가 동일성 시스템을 잠재우기 위해 더 많이 노력할수록, 자신을 치유할 기회를 더 많이 얻었습니다. 몇 주 뒤에 그녀는 회상이 줄었고, 더 중요한 사실은 회상이 일어나더라도 "덜 충격적이며, 더 이상 자신을 때묻고, 더럽혀지고, 망가진 존재로 경험하지 않게 되었다."고 말했습니다. 그녀는 심신 연결하기 기술을 사용하면서 새롭고 확장된 자기를 경험하였고 "나는 회상보다 더 큰 존재이다."라고 말했습니다.

1. 당신을 화나게, 긴장하게, 짜증나게, 불안하게, 혹은 압도되게 하거나 외상 후 스트레스 장애 증상을 불러일으키는 상황은 무엇이든 기록하세요. 당신에게 고통을 유발하는 것은 사건이 아니라 상황의 기저에 있는 당신이 자각하지 못한 요구라는 것을 알아차리세요. 그 요구를 인지하면 당신의 생각, 행동, 그리고 외상 후 스트레스 장애 증상에 변화가 일어납니다.

상황	당신이 상황을 어떻게 다루었는가	충족되지 못한 요구
남편은 내가 절대 바뀌지 않을 거라고 말했다.	나는 "지옥에나 가라!"고 소리를 쳤고, 하루 종일 그에게 이야기하지 않았다.	남편이 나를 받아주어야 한다.
나는 자동차 열쇠를 찾을 수가 없었다.	나는 자동차 열쇠를 찾기 위해 온 힘을 소진했고 우울해졌다.	나는 자동차 열쇠를 어디에 두었는지 알아야만 한다.

2. '오늘 나의 위기는……' 지도를 작성해 보세요. 조금 전 목록에서 위기였던 상황을 골라 타원 안에 써 보세요. 3~4분 동안 마음속에 떠오르는 어떤 생각이라도 적어 보세요. 지도 아래에는 신체 긴장을 기술해 보세요.

오늘 나의 위기는……

신체 긴장 : _____

당신의 외상 후 스트레스 장애 증상이 위기 상황에서 더 늘었습니까? 예 _____ 아니요 _____

지도에서 요구를 확인해 보세요. (예 : 당신에게 오늘의 위기가 '나는 청구서를 지불할 돈이 없어.'라고 한다면, 요구는 '나는 청구서를 지불할 만한 충분한 돈이 있어야 해.'가 될 것입니다.)

_____

동일성 시스템의 교란 장치 때문에 당신은 괴롭고, 쓰라리고, 화나고, 절망적으로 느끼게 되고, 당신의 입장에 있는 사람이라면 누구나 똑같이 느낄 거라고 믿게 됩니다. 이제 스스로에게 물어보세요. '재정 상태가 감옥에 갈 만큼 그렇게 나쁘지는 않잖아? 나는 왜 사람을 몰락시키는 동일성 시스템을 내버려 두어 돈 문제를 해결할 수 있는 정상적인 능력을 제한하게 만드는가?' 당신은 지금의 재정적 위기나 다른 사람의 행동을 통제할 수는 없습니다. 하지만 당신은 요구를 진정시키고 당신의 외상 후 스트레스 장애를 치유하도록 할 수는 있습니다.

3. 이번에는 심신 자각 기술을 사용해서 같은 위기에 대해 또 다른 지도를 작성해 보세요. 그 위기를 아래의 타원 안에 쓰세요. 계속해서 쓰기 전에 주위에서 들려오는 소리를 듣고, 앉아 있는 당신 몸의 압력을 느끼고, 바닥에 닿은 발의 감각을 느끼고, 손에 쥐고 있는 펜을 느껴 보세요. 일단 안정되었다고 느끼면, 손에 쥐고 있는 펜을 계속 느끼면서 몇 분 동안 당신의 생각을 쓰세요. 잉크가 종이에 스며드는 것을 지켜보고, 주위 소리에 귀를 기울이세요.

오늘 나의 위기는……

가. 두 지도 사이에서 당신의 심신 상태는 어떻게 달랐습니까?

나. 당신은 어떤 심신 상태에서 위기를 더 잘 다루게 됩니까?

다. 당신에게 고통을 유발하는 것이 사건이 아니라 동일성 시스템이라는 것을 알 수 있습니까?

당신에게 고통을 일으키고 스스로를 치유하지 못하게 방해하는 것이 사건이 아니라, 동일성 시스템이라는 것을 이제 경험으로 알고 있습니다. 또한 이런 활동은 매일 실행하는 강력한 심신 자각 기술의 힘을 보여줍니다. 당신이 신체 긴장을 느낄 때, 바쁜 일상에서 요구를 진정시키기 위한 감정적 공간을 만들기 위해 심신 자각 기술을 사용하세요.

요구를 인지하고 진정시키기 위한 단계들

외상 후 스트레스 장애 증상이 불타오르거나 혹은 괴롭고 압도되는 상태는 당신이 아직 자각하지 못한 숨겨진 요구가 있다는 것을 의미합니다. 요구를 인지하고 진정시키는 데 도움이 될 아래의 단계들을 사용하세요.

1. 운전 중 정지 신호를 오래 기다리거나, 통화 중 연결이 끊기는 경험을 하거나, 불친절한 점원을 대할 때와 같은 단순한 상황에서 기술을 사용함으로써 당신의 기술을 우선 발전시키고, 점진적으로 더 복잡한 관계와 상황에서 그 기술들을 사용하세요.

2. 과활성화된 동일성 시스템 최초의 징후(우울유발제, 수선공, 이야기줄기의 활동과 함께 특별한 신체 긴장을 알아차리는 것과 같은)를 자각하고, 그것을 통해 잠재된 요구를 찾아보세요.

3. 동일성 시스템의 교란 장치를 중지시키고 잠재된 요구를 분명하게 확인하기 위해 심신 자각 기술과 생각에 이름붙이기를 사용하세요. 당신을 괴롭히는 것은 활동이나 사람, 상황이 아니라, 활동, 사람, 상황에 대한 당신의 요구라는 것을 인식하세요.

4. 일단 그 상황에 대해(서서히든 급격히든) 해방감을 느꼈다면, 당신의 요구를 진정시킨 것입니다. 조절되지 않던 이전의 황폐화는 더 다루기 쉬운 실망으로 녹아 없어집니다. 당신이 붕괴되는 상황에서 당신의 요구를 진정시키기 위해 심신 연결하기 도구를 사용했을 때 어떤 일이 일어났는지 기술하세요. 여기에 한 내담자가 쓴 사례가 있습니다.

최근에 나는 스무 살 된 아들이 담배를 피운다는 사실을 알았다. 나는 화가 나서 아들에게 소리를 지르고 협박을 했고, 그러자 편두통이 생겼다. 이후 아들이 다시 담배를 피운다는 것을 알게 되었을 때, 이를 꽉 깨물게 되는 것을 느꼈다. 이 신호를 인지하였을 때, 나는 동일성 시스템이 켜졌다는 것을 알게 되었다. 그 뒤 밖에서 개가 짖는 소리를 들었고, 그로 인해 나는 좀 더 안정되었고, 내 요구를 알게 되었다. '스무 살인 아들이 담배를 피워서는 안 돼.' 나는 이제 내 고통을 가중시킨 것이 단지 아들의 행동이 아니라, 내 요구라는 것을 확실히 알게 되었다. 나는 정말로 아들에게 실망했지만, 무너지지는 않았다. 나는 그 상황에 대해 아들과 상의할 만큼 충분히 스스로를 진정시킬 수 있었고, 우리가 그 문제에 대해 점차 의견을 좁혀가고 있다고 느꼈다.

_____

_____

_____

이제 광대한 참자기의 큰 그릇 안에서(그림 1.1 참조) 당신의 몸은 안정되고, 생각은 맑아지며, 당신의 선택은 흘러갑니다. 당신은 외상 후 스트레스 장애 증상을 치유하고 있는 것입니다.

1. 하루 동안 당신의 대인관계에 집중해 보세요. 과활성화된 동일성 시스템의 징후는 무엇이든 알아차리세요. 신체 긴장, 혼란된 마음, 이야기줄기, 그리고 우울유발제-수선공 활동. 다른 사람이 당신의 동일성 시스템을 활성화시키는 행동을 했습니까? 당신은 어떻게 반응했습니까? 당신은 감춰진 요구들을 인지했습니까?

　가. 당신의 인간관계에서 과활성화된 동일성 시스템의 징후를 관찰해 보세요.

다른 사람의 행동	당신의 반응 또는 행동	당신의 요구
김은 나에게 아무 말도 하지 않을 것이다. 그녀는 냉담했다.	가슴이 답답해졌고, 부정적인 자기대화가 많아졌고, 집 밖으로 박차고 나왔다.	김은 내가 원할 때 나와 얘기를 해야 한다. 김은 냉담하지 않아야 한다.

　나. 이제 당신에게 고통을 일으키는 것이 다른 사람의 행동이 아니라 당신의 요구임을 알았을 것입니다. 이제 당신의 삶으로 들어가 실제 상황에서 당신의 요구를 진정시킬 준비가 되어 있습니까? 예 _____ 아니요 _____

　요구를 진정시키는 것과 자신을 치유하는 것은 함께 이뤄집니다.

2. 요구 지도(requirement map)를 작성하세요. 당신이 작성했던 목록에서, 당신에게 외상 후 스트레스 장애 증상을 일으키거나 가장 큰 괴로움을 안겨준 사람을 선택하세요. 타원 안에 그 사람의 이름을 쓰세요. 타원 주위에 그 사람이 어떻게 행동하기를 원하는지에 대한 당신의 요구를 두루두루 적어 보세요. 그것들에 '요구'라고 표시하세요. 그다음 각 요구 아래에 다른 사람이 그 요구를 만족시키지 못할 때 당신에게 드는 '생각'을 쓰세요. 각각의 생각 아래에 다른 사람이 당신의 요구를 만족시키지 못할 때 당신이 느끼는 '신체 긴장'을 적어 보세요. 시간을 내어 이 지도를 작성해 보세요. 뒤에 나오는 예시 지도를 보세요.

요구 지도

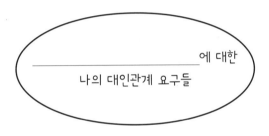

가. 이런 심신 상태에서 당신은 어떻게 반응합니까?

_____

나. 당신의 요구가 대인관계에 어떻게 영향을 미치는지 깨닫고 있습니까? 예 _____ 아니요 _____

다. 당신은 방금 말했던 고통이 외상 후 스트레스 장애로부터 당신 스스로를 치유하는 능력에 지장을 줄 거라고 생각합니까? 예 _____ 아니요 _____

라. 심신 자각 기술과 생각에 이름붙이기를 사용하고, 당신의 대인관계 요구로 되돌아가 보세요. 무슨 일이 일어났습니까?

_____

(요구) 그는 집안일을 더 많이 해야 한다.
(생각) 내가 모든 일을 다 했는데 당연하게 여기는 것 같아 화가 났다.
(신체 긴장) 가슴 답답함

(요구) 그는 일주일에 한 번은 나를 데리고
　　　　외출해야 한다.
(생각) 나는 실망했고 무시당했다고 느꼈다.
(신체 긴장) 두통

(요구) 그녀는 내가 얼마나 힘들게 일하는지
　　　　알고 존중해 주어야 한다.
(생각) 나는 전혀 쉬지 못했다. 나는 쉴 수
　　　　있어야 한다.
(신체 긴장) 어깨 뭉침

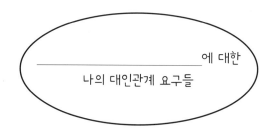

_____ 에 대한
나의 대인관계 요구들

(요구) 그는 나에게 감사해야 한다.
(생각) 그가 왜 나에게 감사하지 않지?
(신체 긴장) 복통

(요구) 그는 나에게 칭찬을 더 해주어야 한다.
(생각) 나는 그가 내게 무관심하다고 느낀다.
(신체 긴장) 가슴 답답함

(요구) 그녀는 내가 있을 때 내게 신경 써야 한다.
(생각) 나는 화가 나고, 내가 별로 중요하지 않은 존재처럼 느껴진다.
(신체 긴장) 가슴이 철렁 내려앉는 느낌

3. 앞서 작성한 지도에 있던 사람 이름을 아래 타원 안에 쓰세요. 그런 다음 만족되지 않았을 때 당신에게 가장 고통스러운 요구를 골라(예 : 그는 나를 존중해 주어야 한다.) 적어 보세요. 이제 타원 주위에 당신의 생각들을 두루두루 쓰고, 만약 그 사람이 내 요구를 만족시켜 주려면 어떻게 해야 할지 기술해 보세요. 가능한 한 자세히 써 보세요. 예를 들면, 선택한 내 요구가 '그는 나를 존중해 주어야 한다.'라고 하면, '그는 언성을 높이지 말아야 한다.', '늦게 올 때는 항상 전화를 해야 한다.', '중요한 결정을 내리기 전에 미리 나에게 말해야 한다.' 또는 '그는 내 가족에게 친절해야 한다.'라고 쓰면 됩니다.

내가 가장 만족되기를 바라는 요구는 : _____

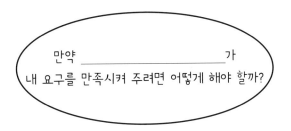

가. 당신은 이 일이 정말로 일어날 거라고 생각합니까? 예 _____ 아니요 _____

나. 당신의 요구를 만족시키는 것이 얼마나 부질없는 것인지를 이 지도가 보여줍니까?

　　예 _____ 아니요 _____

다. 다른 사람이 어떻게 행동해야 하는지에 대한 당신의 요구(그것은 당신에게 괴로움을 안겨 준다.)를 알 수 있습니까? 예 _____ 아니요 _____

라. 심신 자각 기술과 생각에 이름붙이기를 사용하여 당신의 요구로 돌아가 보세요. 무슨 일이 일어났습니까? _____

　　신체 긴장의 완화는 상황이 다시 발생할 때, 당신이 요구를 진정시킬 준비가 되었다는 것을 나타냅니다.

마. 당신은 이것이 어떻게 당신의 인간관계를 변화시키고 당신 스스로를 치유하게 하는지 알 수 있습니까? 예 _____ 아니요 _____

1. 하루 동안 당신을 힘들게 하는 대인관계에 집중해 보세요. 과활성화된 동일성 시스템의 어떤 징후라도 알아차리세요. (신체 긴장, 혼란된 마음, 이야기줄기 또는 우울유발제-수선공 활동 같은 것)

가. 당신이 과활성화된 동일성 시스템의 징후를 느꼈을 때, 동일성 시스템을 활성화시킨 다른 사람의 행동은 무엇이었습니까? (예 : 김이 나에게 차갑게 대했다.)

_____

_____

나. 당신은 어떻게 반응했습니까? 당신의 행동은 무엇이었습니까? (예 : 내 가슴을 무언가가 꽉 누르는 것을 느꼈고, 부정적인 자기대화를 알게 되었다. 바닥에 닿은 발의 감각을 느끼고는 차분해졌다. 나는 심지어 그녀와 같은 방에 있는 것에 대해서도 괜찮다고 느꼈다.)

_____

_____

다. 당신은 어떤 이야기줄기를 인지했나요? (예 : 그녀는 나를 사랑하지 않는다.)

_____

_____

라. 당신이 인지한 요구들을 나열해 보세요. (예 : 김은 항상 나에게 애정을 보여주어야 한다.)

_____

_____

마. 당신의 동일성 시스템을 작동시키곤 했던 상황에 직면했을 때, 당신은 일부 요구들을 진정시켰습니까? 그것들을 나열해 보세요. (예 : 이전에는 김이 냉담했을 때마다 나는 기분이 완전히 상했고, 미칠 것 같아 집에서 뛰쳐나갔다. 이제 나를 비참하게 느끼게 만들었던 것이 나의 요구라는 것을 깨달았다. 그래서 나는 집에 머물렀고, 우리는 TV를 보았다.)

_____

_____

2. 요구 지도를 작성하세요. 타원 안에 당신을 가장 괴롭히고 있는 사람의 이름을 쓰세요. 타원 주위에 그 사람이 어떻게 행동해야 하는지에 대한 당신의 요구들을 두루두루 적어 보세요. 그다음 각 요구 아래에 다른 사람이 당신의 요구에 맞추지 못했을 때, 당신이 느꼈던 신체 긴장을 무엇이든 적어 보세요.

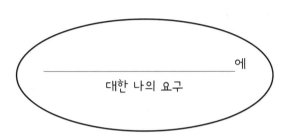

가. 당신의 마음은 복잡합니까, 아니면 명료합니까?

_____

나. 당신의 몸은 긴장되어 있습니까, 아니면 이완되어 있습니까?

_____

다. 이런 심신 상태에서 당신은 어떻게 행동합니까?

_____

사람들이 어떻게 행동해야 하는지에 대한 당신의 요구는 외상 후 스트레스 장애 증상을 지속시키고, 치유를 방해합니다.

3. 이번에는 심신 자각 훈련을 사용하여 요구 지도를 다시 한 번 작성해 보세요. 타원 안에 동일한 사람의 이름을 적으세요. 계속해서 쓰기 전에 주위에서 들려오는 소리를 듣고, 앉아 있는 당신 몸의 압력을 느끼고, 바닥에 닿은 발의 감각을 느끼고, 손에 쥐고 있는 펜을 느껴 보세요. 일단 안정되었다고 느끼면 손에 쥐고 있는 펜을 계속 느끼면서, 그 사람이 어떻게 행동해야 하는지에 대해 당신 마음속에 떠오르는 생각은 무엇이든 쓰세요. 잉크가 종이에 스며드는 것을 지켜보고, 주위 소리에 귀를 기울이세요.

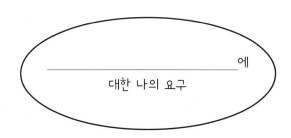

두 지도 사이의 차이점을 찾아보세요.

가. 이 지도에서 그 사람이 어떻게 행동해야 하는지에 대한 당신의 생각은 이전 지도와 어떻게 다릅니까? _____

나. 이제 당신이 이 지도에 써 넣은 무언가를 그 사람이 하지 못한 상황을 상상할 때, 당신은 어떤 신체 감각을 느낍니까? _____

   신체 긴장이 없다는 것은 그 생각이 요구가 아니라는 것을 의미합니다.

다. 당신이 방금 인식한 심신 상태에서 당신은 어떻게 행동합니까?

_____

라. 당신은 조금 전 지도에서 나열했던 요구들을 현실에서도 진정시킬 준비가 되었습니까?

   예 _____ 아니요 _____

이 연습은 당신의 고통을 유발하는 것이 다른 사람의 행동이 아니라, 당신의 동일성 시스템이라는 것을 직접적으로 알게 해줄 것입니다.

요구를 인지하는 간단한 활동이 당신의 생각과 행동을 변화시키기 시작하고, 치유를 가능하게 만듭니다. 오늘 훈련은 다른 사람과 상황에 대해 당신이 가지고 있는 부가적인 요구들을 인지하고 진정시키는 것에 관한 것입니다. 진정시키기가 더 어려운 요구들에 대해서는, 행동과 상황을 작은 부분으로 나누어 우선 거기에 초점을 맞추는 것이 도움이 됩니다. 예를 들면, '상사가 나를 인정하지 않는다.'는 것과 같은 전반적인 행동을 다루는 것보다, 이를 작고 구체적인 더 많은 행동으로 나누어 보세요. '그가 나를 바라보는 방식, 그가 다른 사람에게 미소 짓는 방식, 비판적인 그의 목소리 톤, 그가 사용하는 날카로운 말들.' 이렇게 하면 당신은 아주 구체적인 요구들을 인지할 수 있습니다. '그는 나를 상냥하게 바라보아야 한다.', '그는 나에게 미소를 지어야 한다.', '그는 지지적인 목소리로 말해야 한다.', '그는 부드러운 단어를 사용해야 한다.' 그런 다음 각각의 요구에 대해 심신 자각 훈련을 사용해 보세요. 당신이 요구를 인지한 뒤에야 진정시킬 준비가 된 것이라는 사실을 기억하세요.

1. 당신은 오늘 무엇을 알아냈습니까?

_____

_____

_____

_____

_____

_____

_____

_____

_____

당신은 이제 심하게 고통스러워하지 않고, 정상적인 기능을 유지한 채 같은 상황을 직면할 수 있습니까? 당신의 대인관계뿐만 아니라 외상 후 스트레스 장애로부터 당신 자신을 치유하는 능력 또한 여기에 달려 있습니다.

2. 지도 작성하기의 목적은 활동 중에 당신의 동일성 시스템을 알기 위함입니다. 다음 지도에서 당신의 동일성 시스템이 '마구 뛰도록' 내버려 두세요. 이것은 당신의 요구를 인지하기 위한 훌륭한 방법입니다. 오늘 당신을 화나게 만든 상황에 대한 지도를 작성해 보세요. 타원 안에 그 상황을 적고, 몇 분 동안 타원 주위에 당신의 생각을 두루두루 적어 보세요. 지도의 아래에 당신의 신체 긴장을 기술하세요.

상황 지도

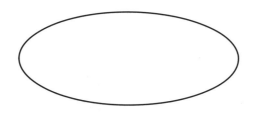

신체 긴장 : _____

  가. 당신의 마음은 복잡합니까, 아니면 명료합니까?

  _____

  나. 당신의 몸은 긴장되어 있습니까, 아니면 이완되어 있습니까?

  _____

  다. 당신의 요구는 어떤 것들입니까?

  _____

  라. 이러한 심신 상태에서 당신은 어떻게 행동합니까?

  _____

3. 아래 타원에 동일한 상황을 쓰고, 다시 한 번 지도를 작성해 보세요. 계속해서 쓰기 전에 주위에서 들려오는 소리를 듣고, 앉아 있는 당신 몸의 압력을 느끼고, 바닥에 닿은 발의 감각을 느끼고, 손에 쥐고 있는 펜을 느껴 보세요. 일단 안정되었다고 느끼면, 손에 쥐고 있는 펜을 계속 느끼면서 마음속에 떠오르는 생각을 쓰기 시작하세요. 잉크가 종이에 스며드는 것을 지켜보고, 주위 소리에 귀를 기울이세요.

심신 연결하기를 사용한 상황 지도

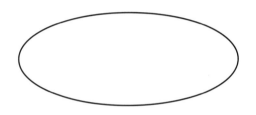

가. 당신의 마음은 복잡합니까, 아니면 명료합니까?

_____

나. 당신의 몸은 긴장되어 있습니까, 아니면 이완되어 있습니까?

_____

다. 두 지도 사이에 차이점을 알아보세요.

   1) 이제 당신의 고통을 불러일으키는 것은 사건이 아니라, 당신의 동일성 시스템이라는 것을 경험을 통해 알게 되었습니까? 예 _____ 아니요 _____

   2) 당신의 심신 연결하기 기술에 자신 있습니까? 예 _____ 아니요 _____

     만약 아니라면, 뒤로 돌아가서 이번 장의 둘째 날에 훈련했던 기술을 복습해 보세요.

오늘은 당신의 요구가 나타날 때, 그것을 인지하고 진정시켜 보세요.

1. 어떤 심신 연결하기 기술이 도움이 되었는지 그리고 어떤 것이 효과가 없었는지 기술해 보세요.

_____

_____

_____

_____

_____

_____

_____

_____

2. 오늘 당신이 진정시킬 수 있었던 요구와 성공적으로 진정시킬 수 없었던 요구를 나열해 보세요.

진정시킬 수 있었던 것	진정시킬 수 없었던 것

3. '내 요구가 만족된다면 세상이 어떻게 보일까' 지도를 작성해 보세요. 가능한 한 구체적으로 해보세요. 예를 들어, '배우자는 항상 나에게 신경 써 줄 것이다.', '제이슨은 멍청하게 굴지 않을 것이다.', '이웃사람들은 자신의 일에 신경 쓸 것이다.', '동료들은 그들의 일을 할 것이다.' 당신이 방금 만들었던 '진정시킬 수 없었던 것' 목록을 참고하면 도움이 될 것입니다.

내 요구가 만족된다면
세상이 어떻게 보일까?

관찰 :

_____

_____

_____

_____

심지어 당신의 배우자, 상사, 친구 또는 이웃이 당신의 모든 요구를 만족시킨다고 해도, 당신의 동일성 시스템은 '언제나 충분한 것은 없어.'라고 말할 것이기 때문에 당신에게는 항상 충족되지 않은 것들이 더 남아 있을 것입니다. 요구 진정시키기는 일생 동안 당신에게 도움이 될 기술입니다.

1. 오늘 당신을 화나게 한 상황에 대한 지도를 작성해 보세요. 타원 안에 그 상황을 쓰고, 타원 주위에 그 상황에 대한 당신의 생각들을 두루두루 적어 보세요. 지도의 아래에 당신의 신체 긴장을 기술하세요.

상황 지도

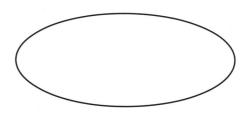

신체 긴장 : _____

　가. 당신은 그 상황을 어떻게 처리했습니까?

　_____

　나. 당신의 요구는 무엇입니까?

　_____

　　당신이 가장 선호하는 심신 자각 기술과 생각에 이름붙이기를 사용하여 지도에 있는 항목과 당신의 요구들을 천천히 검토해 보세요. 무슨 일이 일어나는지 알아보세요. 당신은 이제 당신의 요구를 진정시키고 미래에 고통 없이 유사한 상황에 직면할 수 있는 보다 나은 상태에 와 있습니까? 예 _____ 아니요 _____

2. '만약 다른 사람들에 대한 내 모든 요구를 내버려 둔다면 어떤 일이 일어날까?' 지도를 작성해 보세요. 몇 분 동안 아래 타원 주위에 당신의 생각을 두루두루 적어 보세요.

만약 다른 사람들에 대한 내 모든 요구를
내버려 둔다면 어떤 일이 일어날까?

가. 동일성 시스템의 교란 장치가 계속해서 당신은 약하고 두려움에 가득 차 삶을 통제하지 못할 것
   이라고 믿게 만듭니까? 예 _____ 아니요 _____

나. 각 항목 옆에 신체 긴장의 정도를 적어 보세요. 없으면 0, 최소인 경우 +, 중간인 경우 ++, 심
   한 경우 +++. 뒤에 있는 예시 지도를 참조하세요. 그런 다음 신체 긴장이 동반되는 항목은 어
   떤 것이든 적어 보고, 그것의 잠재된 요구도 적어 보세요.

신체 긴장이 동반된 항목	요구

요구가 없다면 지도 예시

나는 보호받지 못해.

(+++)

제대로 되는 것이 아무것도
없을 거야.

(+++)

빌이 나를 이용하려 할 거야.

(+++)

만약 다른 사람들에 대한 내 모든 요구를
내버려 둔다면 어떤 일이 일어날까?

내게 더 이상의 시간이
주어지지 않을 거야.

(0)

마리가 나를 나약하게 볼 거야.

(+++)

신체 긴장이 동반된 항목	요구
나는 보호받지 못해. +++	나는 보호받아야 한다.
제대로 되는 것이 아무것도 없을 거야. +++	나는 일을 제대로 해야 한다.
빌이 나를 이용하려 할 거야. +++	빌이 나를 이용해서는 안 된다.
마리가 나를 나약하게 볼 거야. +++	마리가 나를 나약하게 보면 안 된다.

3. 이번에는 심신 자각 기술을 사용하여 지도를 다시 작성해 보세요. 쓰기 전에 주위에서 들려오는 소리를 듣고, 앉아 있는 당신 몸의 압력을 느끼고, 바닥에 닿은 발의 감각을 느끼고, 손에 쥐고 있는 펜을 느껴 보세요. 일단 안정되었다고 느끼면, 손에 쥐고 있는 펜을 계속 느끼면서 마음속에 떠오르는 생각을 쓰기 시작하세요. 잉크가 종이에 스며드는 것을 지켜보고, 주위 소리에 귀를 기울이세요.

만약 다른 사람들에 대한 내 모든 요구를
내버려 둔다면 어떤 일이 일어날까?

두 지도의 차이점은 무엇입니까?

_____

_____

_____

요구를 갖게 되면 당신과 당신의 세계가 파괴된다는 것이 더 명확해졌습니까? 요구는 당신의 외상 후 스트레스 장애를 치유하고 타인과 상황에 효율적으로 대처하는 당신의 능력을 마비시킵니다. 당신이 동일성 시스템과 친구가 될 때, 당신의 참자기가 대인관계와 상황에서 적극적으로, 조심스럽게, 자신 있게 반응할 수 있습니다. 당신은 자신의 치유, 선, 지혜의 원천을 충분히 활용하여 각 상황에 직면할 수 있을 것입니다.

심신 연결하기 주간 평가 척도
외상 후 스트레스 장애 해소를 위한 작업

날짜 : _____

지난 한 주 동안 훈련이 어땠나요? 당신에게 가장 잘 맞는 곳에 체크(✓)하세요.

얼마나 자주……	거의 없음	가끔	보통	거의 항상
요구를 갖는 것이 항상 동일성 시스템을 자극하고 치유와 기능을 망가뜨린다는 것을 인지하고 있습니까?	___	___	___	___
당신이 인지하지 못한 요구들이 일상의 분노를 일으킨다는 것을 깨달았습니까?	___	___	___	___
요구를 진정시켜서 화가 나는 것을 막을 수 있습니까?	___	___	___	___
당신의 요구가 당신을 붙잡고 외상 후 스트레스 장애를 지속시킨다는 것을 알고 있습니까?	___	___	___	___
외상 후 스트레스 장애 증상이 줄어든 것을 알게 되었습니까?	___	___	___	___
손상된 자기를 동일성 시스템이 꾸며낸 것으로 여깁니까?	___	___	___	___
정상적인 기능을 인지합니까?	___	___	___	___
당신의 참자기에서 나오는 행동을 위해 당신에게 필요한 전부는 정상적인 기능을 위한 안정된 동일성 시스템이라는 사실을 깨달았습니까?	___	___	___	___
매 순간 정상적인 기능에서 나오는 당신의 참자기를 인식했습니까?	___	___	___	___
당신이 치유, 선, 지혜의 원천과 연결되어 있다는 것을 경험했습니까?	___	___	___	___
새로운 관점으로 일상의 부분들을 인식했습니까?	___	___	___	___
당신의 대인관계가 향상되었다고 느낍니까?	___	___	___	___
가정과 직장에서는 더 잘 지냈습니까?	___	___	___	___
위기 상황에 잘 대처하게 되었습니까?	___	___	___	___

전에는 당신을 붕괴시키곤 했지만, 이제는 동일성 시스템의 긴장을 해소시키고 당신 스스로를 정상적으로 기능하게 함으로써 당신이 진정시킨 세 가지 요구를 나열해 보세요.

_____

트라우마가 만든
부정적인 자기신념 치유하기

트라우마를 경험한 이후에 '내가 더 잘할 수 있었을 텐데, 나는 절대 예전 같지 않을 거야, 왜 하필 나야?'와 같은 자연스러운 생각들이 떠오릅니다. 동일성 시스템은 부정적인 자기대화를 꽉 붙잡아 당신의 몸에 부정적 성향을 새겨 넣는 반복적인 이야기줄기를 만들고, 시간이 지남에 따라 정신적 · 신체적 고통을 불러일으킵니다. 당신은 트라우마 혹은 위기 중에 당신이 행동했던 방식으로 인해 당신이 손상되었다는 자기신념을 만들어 냅니다.

부정적인 자기신념은 당신의 트라우마 경험에 대한 부정적인 생각들로 가득 차 있는 역기능적 심신 상태입니다. 부정적인 자기신념이 지속되는 유일한 이유는 당신이 여전히 자신에 대한 요구를 가지고 있기 때문입니다. 부정적인 자기신념은 동일성 시스템이 안정되어 있고, 참자기가 모든 일을 처리하게 되면 오래 지속될 수 없습니다.

제5장에서 당신은 세상에 대해 충족되지 못한 요구들을 가짐으로써 고통스러워진다는 사실을 알았습니다. 이 장에서는 당신이 자신에 대해 가지고 있는 요구와 트라우마가 야기한 부정적인 자기신념을 치유하는 것에 초점을 맞출 것입니다.

당신이 자신에 대해 가지고 있는 요구들은 당신이 진정한 자신이 되는 것과 외상 후 스트레스 장애의 치유를 방해합니다. 당신의 요구를 만족시키는 것과 요구를 진정시키는 것은 차이가 있으며, 다음 연습에서 알게 될 것입니다. 당신이 부정적인 자기신념 요구를 진정시킬 때, 그것들은 당신에 대한 영향력을 잃게 되고 치유가 일어나게 됩니다.

오늘 당신 자신에 대한 요구 때문에 괴로웠던 상황에 주목해 보세요. (예 : 상사가 내게 질문했을 때 난 답을 알고 있어야 한다, 배우자를 기쁘게 해줘야 한다, 혼자가 되면 안 돼, 실수해서는 안 돼.)

1. 오늘 당신 자신에 대한 요구가 동일성 시스템을 활성화시켰던 상황 세 가지를 적어 보세요.

상황	당신에 대한 요구	우울유발제-수선공 활성화
아침 회의에서 상사가 나에게 질문을 했다.	상사가 내게 질문했을 때 난 답을 알고 있어야 한다.	우울유발제 : 답을 알기엔 난 너무 어리석어. 수선공 : 다음 번엔 더 잘 준비해야 해

위에서 당신이 적었던 목록에 기초해서 다음의 표를 작성하세요.

당신의 요구가 만족될 때의 신체 긴장과 그 위치	당신의 요구가 만족되지 않을 때의 신체 긴장과 그 위치
예 : 난 답을 안다. 목이 갑갑하고, 뱃속이 답답하고, 손에 땀이 나고, 발을 흔든다.	예 : 난 답을 모른다. 얼굴이 달아오르고, 가슴이 답답하고, 목이 잠기고, 화장실에 가야만 한다.

2. 이전 단계 각각의 요구에 대해 다음 표를 작성하세요.

요구가 만족될 때의 이야기줄기	요구가 만족되지 않을 때의 이야기줄기
다행이다. 끝났다. 늘 그렇듯 내일은 또 다른 회의가 있겠지.	난 그들이 원하는 걸 결코 만족시킬 수 없을 거야. 내가 충분히 잘하지 못했으니까 내 잘못이야. 늘 이런 식이야.

　　동일성 시스템은 당신을 진퇴양난에 빠뜨립니다. 자신에 대한 요구가 만족되지 않을 때, 당신의 우울유발제가 운전석을 차지해 당신을 불량품처럼 어딘가 부족하다는 느낌에 빠뜨립니다. 심지어 당신의 요구를 만족시킬 수 있을 때에도, 수선공이 운전석을 차지해 어떤 것도 절대로 충분하지 않다라고 생각하게 됩니다. 그러나 당신이 요구를 진정시키고 당신의 참자기가 운전석을 차지하면, 당신은 자연스럽게 부정적인 자기신념을 치유하고, 매 순간 올바른 결정을 하게 될 것입니다.

　　요구를 만족시키느냐 못하느냐가 아니라, 그것을 진정시키느냐 못 시키느냐의 문제라는 것을 알고 있습니까? 예 _____ 아니요 _____

3. 심신 자각 기술을 사용해서 주위에서 들려오는 소리를 듣고, 앉아 있는 당신 몸의 압력을 느끼고, 바닥에 닿은 발의 감각을 느끼고, 손에 쥐고 있는 펜을 느껴 보세요. 일단 안정되었다고 느끼면, 당신의 생각에 이름을 붙이고, 오늘의 첫 번째 표에 당신이 적었던 각 요구들을 살펴보세요.

심신 연결하기를 한 후에 당신의 요구 각각에 대해 무엇을 알게 됐습니까?

요구 1

_____

요구 2

_____

요구 3

_____

자신에 대한 요구를 진정시키기 위한 기술

자신에 대한 요구를 진정시키기 위해 아래의 기술들을 사용하세요.

1. 과활성화된 동일성 시스템의 최초의 징후를 자각하세요(신체 긴장과 우울유발제, 수선공, 그리고 이야기줄기 활동). 그것을 통해 당신은 숨겨진 요구를 찾게 될 것입니다.
2. 동일성 시스템의 교란을 중단시키기 위해 심신 자각 훈련과 생각에 이름붙이기 기술을 사용하세요.
3. 당신의 고통을 유발하는 것은 상황이 아니라 자신에 대한 당신의 요구임을 인식하세요. 예를 들어, 시험에 실패한 것이 당신을 고통스럽게 하는 것이 아닙니다. '나는 시험을 통과했어야 해.'라는 요구를 가지고 있기 때문에 당신은 고통스러워진 것입니다.
4. 당신이 신체 긴장과 정신적 혼란에서 벗어나는 느낌을 받을 때 요구를 진정시켰다는 것을 알게 됩니다. 다시 그 상황이 닥쳐왔을 때, 당신의 참자기가 운전석에 앉아 그 상황을 차분하게 다룰 수 있습니다.

_____

_____

_____

1. 당신의 요구를 만족시키지 못할 때마다 동일성 시스템은 당신이 실패한 것처럼 느끼게 만듭니다. 이는 당신의 부정적인 자기신념을 강화시킵니다. 오늘 할 연습은 직장동료, 가족·친척, 이웃, 식료품 가게 점원 등과의 대인관계에서 당신이 가지고 있는 자신에 대한 요구들에 초점을 맞출 것입니다. (예 : 장모님한테 그렇게 화를 내서는 안 돼, 나는 적절한 때에 직장동료들에게 피드백을 줘야 해, 내가 좀 더 배려해야 해.)

   가. 당신의 대인관계에서 자신에 대한 요구는 무엇입니까? (예 : 난 마리에게 좀 더 배려해야 해.)

   _____

   나. 각각의 요구가 당신에게 어떤 영향을 미칩니까? (예 : 난 배려하기 위해 좀 더 노력해야 하고, 내심 내가 나쁜 남편처럼 느껴진다.)

   _____

   다. 이러한 요구들이 당신의 대인관계에 어떤 영향을 줍니까? (예 : 그것이 관계를 망친다, 나는 배려하려고 노력하다가 전혀 배려하지 않는 쪽으로 바뀐다.)

   _____

2. 가장 중요한 대인관계에서 당신 자신에 대한 요구를 가능한 한 구체적으로, 자세하게 작성하세요. (예 : 제이가 늦을 때 난 그를 비난해서는 안 돼, 티제이가 피곤할 때 난 그에게 화내서는 안 돼. 난 세리를 행복하게 해줘야만 해.) 당신의 요구들이 대인관계를 향상시키거나 제한시켰습니까?

요구	향상	제한

   일단 요구가 생기면(예 : 난 비판적이거나 화를 내서는 안 돼.), 당신은 그 요구를 만족시키도록 압박을 느끼거나 그렇게 하게 됩니까? 요구를 만족시키지 못하면 스스로를 좋지 않게 여깁니까?

   _____

3. 가장 중요한 대인관계에서 자신에 대한 요구들을 지도로 작성하세요. 타원 안에 그 사람의 이름을 적으세요. 타원 주위에 당신이 그 관계에서 어떻게 해야 하는지에 대한 당신의 생각을 두루두루 적어 보세요. 맞고 틀린 건 없습니다. 구체적으로 신속하게 작성하세요.

'나의 가장 중요한 대인관계에서 내가 어떻게 해야 하는가' 지도

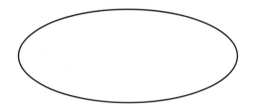

가. 각각의 생각들을 보면서 그 관계에서 어떠해야 하는지에 대한 요구를 만족시키려고 생각할 때, 당신에게 일어나는 신체 긴장이 무엇인지 알아차려 보세요. 각 항목을 다시 바라보면서 그 요구를 만족시키지 못할 때, 당신에게 일어나는 신체 긴장을 알아차려 보세요. 신체 긴장이 동반된 생각들이 당신의 요구들입니다.

나. 당신의 요구들은 부정적인 자기신념을 지속시킵니다. 당신의 요구들은 무엇입니까?

_____

_____

_____

_____

4. 타원 안에 그 사람의 이름을 쓰고 지도를 다시 작성해 보세요. 계속해서 쓰기 전에 주위에서 들려오는 소리를 듣고, 앉아 있는 당신 몸의 압력을 느끼고, 바닥에 닿은 발의 감각을 느끼고, 손에 쥐고 있는 펜을 느껴 보세요. 일단 안정되었다고 느끼면, 손에 쥐고 있는 펜을 계속 느끼면서 대인관계에 관해 마음속에 떠오르는 생각은 무엇이든 쓰기 시작하세요. 적으면서 계속해서 주위 소리에 귀를 기울이고, 손에 쥐고 있는 펜을 느끼고, 잉크가 종이에 스며드는 것을 보세요. 3~4분 정도 적어 보세요.

심신 연결하기를 사용한 '나의 가장 중요한 대인관계에서 내가 어떻게 해야 하는가' 지도

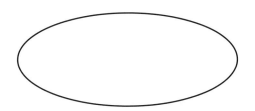

신체 긴장의 해소는 당신이 동일성 시스템 고리에서 정상적인 고리(그림 5.1 참조)로 옮겨갔다는 것을 의미하며, 이제 정상적으로 기능할 수 있습니다. 비록 당신이 대인관계 속에서 어떻게 해야만 하는지에 대한 생각을 여전히 가지고 있더라도, 이런 신체 긴장의 해소는 당신을 자유롭게 만들어 완전히 다른 방식으로 대인관계를 유지하게 합니다.

가. 이런 심신 상태에서 당신은 어떻게 행동합니까?

_____

_____

나. 당신의 대인관계에 이 지도가 어떤 도움을 줄 수 있습니까?

_____

_____

과활성화된 동일성 시스템이 멈출 때, 가장 중요한 대인관계에 대한 당신의 요구를 내려놓고, 새로운 기회를 만들어 냅니다.

5. '내가 어떻게 되기를 원하는가' 지도를 작성해 보세요. 원 안에 바로 지금 여기서 당신이 어떻게 되고
싶은지를 쓰세요(예 : 체계적인, 건강한, 강한, 고요한, 용기 있는). 구체적으로 쓰세요! 적어도 6개의
자질을 작성한 뒤, 각 자질의 반대말을 원 밖에 쓰세요. 원 안의 자질과 원 밖의 반대말을 선으로 연
결하세요. 필요하다면 뒤에 나오는 예시 지도를 보세요.

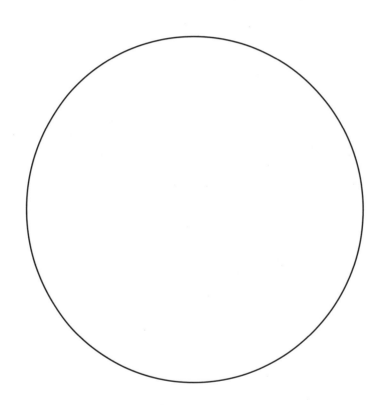

'바로 지금, 여기서 나는 ~되고 싶다' 지도

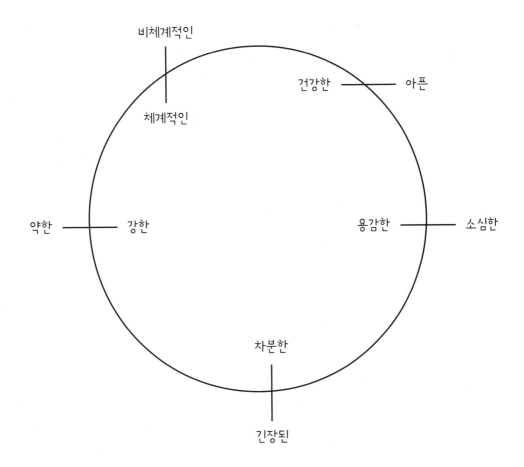

가. 원 안에 있는 자질들은 당신에게 어떤 느낌을 줍니까?

_____

_____

_____

나. 원 밖에 있는 자질들은 당신에게 어떤 느낌을 줍니까?

_____

_____

_____

원 밖에 있는 어떤 자질에 대한 부정적인 감정 반응은 원 안의 자질이 요구라는 것을 의미합니다. 원 밖의 자질들은 당신의 유발요인들입니다. 유발요인은 당신의 요구를 만족시키지 못하는 사건이나 생각이며, 당신의 요구는 동일성 시스템을 활성화시킨다는 사실을 기억하세요. 일단 당신의 요구가 진정되면 더 이상 그것은 유발요인이 아닙니다.

다. 당신이 어떻게 되고 싶은지에 대한 요구와 유발요인들을 작성해 보세요.

요구	유발요인

라. 당신이 원 안의 요구들을 충분히 만족시킬 수 있었던 적이 있습니까? 아닙니다. 일단 신념이 요구되면 어떤 것도 결코 충분하지 않고, 당신은 결국 끝없이 부정적인 자기신념을 갖게 됩니다.

1. 하루 동안 당신은 자신에 대한 어떤 요구들을 진정시킬 수 있었습니까?

요구	어떻게 진정시켰는가	어떤 일이 일어났는가
난 항상 내 삶을 통제해야 한다.	아들을 통제하지 못하는 것에 대한 문제 지도를 작성했고, 내 요구가 어떻게 고통을 야기하는지 알게 되었다.	저녁 식사 때 아들에게 차분하게 이야기했고, 폭식하거나 스트레스 받지 않았고, 아들의 이야기를 들을 수 있었다.

당신의 동일성 시스템은 자신을 단지 한 뭉치의 요구로 믿게 만듭니다.

2. 지속적으로 어려움을 겪게 하는 자신에 대한 요구들을 적어 보세요.

_____

_____

_____

_____

_____

심신 연결하기 기술은 부드럽고 단계적인 과정이며, 각 단계는 당신의 능력을 해방시켜 스스로를 치유하게 만든다는 것을 주목하세요. 당신은 자신이 스스로 생각했던 것보다 더 위대한 존재임을 경험하기 시작합니다.

3. '나에게 가장 문제가 되는 나 자신에 대한 요구 지도'를 작성해 보세요. 이전의 목록에서 당신에게 가장 문제가 되는 요구를 골라 그것을 아래 타원 안에 쓰세요. 몇 분 동안 타원 밖에 당신의 생각들을 쓰세요. 당신의 생각을 편집하지 말고 신속하게 작업하세요. 지도 아래에 당신의 신체 긴장을 기술하세요.

나에게 가장 문제가 되는 나 자신에 대한 요구 지도

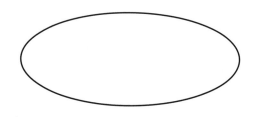

신체 긴장 : _____

가. 당신의 마음은 복잡합니까, 아니면 명료합니까?

_____

_____

나. 당신의 요구를 적어 보세요.

_____

_____

다. 지도에 있는 항목 중 어떤 것이든 당신의 트라우마 사건과 관련된 것이 있습니까?

예 _____ 아니요 _____

4. 타원 안에 동일한 요구를 적어 넣고 지도를 다시 작성해 보세요. 계속해서 쓰기 전에 주위에서 들려오는 소리를 듣고, 앉아 있는 당신 몸의 압력을 느끼고, 바닥에 닿은 발의 감각을 느끼고, 손에 쥐고 있는 펜을 느껴 보세요. 일단 안정되었다고 느끼면, 손에 쥐고 있는 펜을 계속 느끼면서 마음속에 떠오르는 생각은 무엇이든 쓰세요. 적으면서 계속해서 주위 소리에 귀를 기울이고, 손에 쥐고 있는 펜을 느끼고, 잉크가 종이에 스며드는 것을 보세요. 몇 분간 적어 보세요.

> **심신 연결하기를 사용한 '나에게 가장 문제가 되는 나 자신에 대한 요구' 지도**

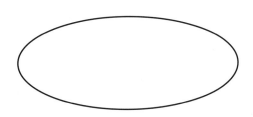

가. 이 지도는 이전의 것과 어떻게 다릅니까?

_____

_____

나. 이 지도를 작성하는 동안 당신에게 일어났던 심신 상태가 매일 계속된다면, 당신의 삶은 어떻게 바뀔까요?

_____

_____

당신의 우울유발제가 어떻게 트라우마에 대한 부정적인 생각들을 사용해서 이야기줄기를 만들어 내고, 당신의 몸에 새겨 넣는지 알아보세요. 시간이 갈수록 이러한 부정적인 자기대화는 당신이 손상받았다는 신념으로 바뀝니다. 이것이 부정적인 자기신념이며, 당신의 트라우마 경험에 대해 부정적인 생각들로 가득 찬 역기능적인 심신 상태입니다.

1. 하루 동안 당신의 트라우마와 관련된 부정적인 자기신념을 알아차려 보세요. 당신의 삶에 어떤 영향을 미쳤습니까?

부정적인 자기신념	이야기줄기	신체 긴장	당신 삶에 미친 영향 또는 당신이 한 행동
난 외상 후 스트레스 장애에서 결코 벗어날 수 없을 거야.	그건 눈 깜짝할 사이에 일어나서, 그 일이 내게 일어났다는 걸 믿을 수 없어. 난 절대로 예전 같지 않을 거야.	가슴이 답답하고, 머리에 띠를 두른 듯하다.	직장을 계속 다닐 수 없다. 아이들이 내게서 멀어진다. 사람들을 피한다.

2. 당신의 트라우마 사건에 대한 부정적인 자기신념 3개를 적어 보세요.

_____

_____

_____

가. 당신의 목록에서 가장 문제가 되는 부정적인 자기신념을 타원 안에 적으세요. 타원 주위에 당신의 생각들을 편집하지 말고 신속하게 적어 보세요. 지도 아래에 신체 긴장을 기술하세요. 필요하다면 뒤에 있는 예시 지도를 보세요.

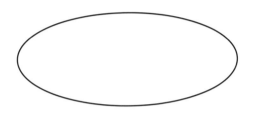

나에게 가장 문제가 되는 부정적인 자기신념 지도

신체 긴장 : _____

당신의 지도에 있는 정보를 사용해서 이 표를 작성하세요.

우울유발제	수선공	이야기줄기	요구
난 쓸모 없어.	더 노력해야 해.	트라우마가 너무 컸어. 왜 나한테 이런 일이 일어났을까?	내가 좀 더 잘했어야 해. 이걸 극복할 만큼 충분히 강해져야 해.

'나에게 가장 문제가 되는 부정적인 자기신념' 지도는 당신의 동일성 시스템이 어떻게 트라우마 사건에 대한 자연스러운 생각들을 붙잡으며, 우울유발제와 수선공이 어떻게 신체의 모든 세포에 부정적 경향을 심어 놓는 이야기줄기를 만들어 삶을 붕괴시키는지 보여줍니다. 동일성 시스템의 요구들이 악순환을 지속시키지만, 당신은 요구를 진정시켜 이 악순환을 멈추게 할 수 있습니다.

내가 좀 더 잘했어야 해.

내 삶은 너무 힘들어.

내게 트라우마가 너무 컸어.

난 쓸모 없어.

난 충분히 노력하지 않았다.

더 열심히 해.

그건 내 스스로 자초한 거야.

왜 나한테 이런 일이
일어났을까?

이걸 극복할 만큼 충분히
강해져야 해.

3. 타원 안에 동일한 부정적인 자기신념을 쓰고 지도를 다시 작성해 보세요. 계속해서 쓰기 전에 주위에서 들려오는 소리를 듣고, 앉아 있는 당신 몸의 압력을 느끼고, 바닥에 닿은 발의 감각을 느끼고, 손에 쥐고 있는 펜을 느껴 보세요. 일단 안정되었다고 느끼면, 손에 쥐고 있는 펜을 계속 느끼면서 신념에 대해 마음속에 떠오르는 생각은 무엇이든 쓰세요. 적으면서 계속해서 주위 소리에 귀를 기울이고, 손에 쥐고 있는 펜을 느끼고, 잉크가 종이에 스며드는 것을 보세요.

심신 연결하기를 사용한 '나에게 가장 문제가 되는 부정적인 자기신념' 지도

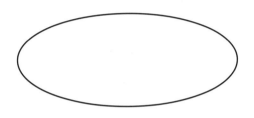

가. 이 지도는 이전 지도와 어떻게 다릅니까?

_____

나. 이전 지도에서 당신이 진정시킬 수 있다고 느끼는 요구들을 적어 보세요.

_____

다. 이전 지도에서 당신이 진정시키기 어렵게 느껴지는 요구들을 적어 보세요.

_____

라. 이러한 요구들에 대해 심신 자각 기술과 생각에 이름붙이기를 사용해 보고, 긴장이 줄어드는지를 알아보세요. 어떻습니까?

_____

부정적인 자기신념 치유하기

트라우마와 관련된 부정적인 자기신념을 치유하기 위한 심신 연결하기 기술들을 다시 살펴봅시다.

- **심신 자각 기술**—트라우마 사건과 관련된 부정적인 자기대화와 신체 긴장을 당신이 알아차렸을 때, 그것을 과활성화된 동일성 시스템의 신호로 인식하세요. 그리고 감각에 초점을 맞춘 다음 심신 자각을 하면서 당신이 하고 있던 일로 돌아가세요.

- **생각에 이름붙이기**—마음속에 부정적인 생각이 떠오를 때, 생각은 단지 생각일 뿐이라는 사실을 기억하세요. 부정적인 생각들을 단지 생각이라고 이름표를 붙이고, 당신이 하고 있던 일로 돌아가세요. 예를 들어, '난 절대 예전 같지 못할 거야.'라는 생각이 떠올랐을 때, "나는 '내가 절대 예전 같지 못할 거야.'라는 생각을 하고 있고, 그건 단지 생각일 뿐이야."라고 자신에게 말하세요.

- **이야기줄기 자각**—부정적인 자기신념에 대한 이야기들을 깊이 생각하고 있는 자신을 발견했을 때, 반복적인 주제를 인식하고, 그것들을 이야기줄기로 인식한 뒤 하던 일로 돌아가세요. 그 이야기들이 진실이든 아니든, 긍정적이든 부정적이든, 그건 중요하지 않습니다. 당신을 우울하게 만드는 것이 당신의 부정적인 사고가 아니며, 당신의 기를 살려주는 것이 당신의 긍정적 사고가 아니라는 사실을 기억하세요. 당신의 이야기줄기는 정신적 혼란을 야기하고, 당신의 몸속 모든 세포에 긴장을 채워 넣으며, 우울유발제-수선공 악순환을 유지하게 합니다. 당신의 동일성 시스템은 이야기들을 붙잡아 당신을 현재에서 멀어지게 만듭니다.

- **지도 작성하기**—심신 연결하기 지도를 사용하세요. 첫 번째 지도는 트라우마와 연관된 부정적인 자기신념에 관한 당신의 요구들을 찾도록 도와줄 것입니다. 신체의 긴장을 인지하는 것은 이러한 요구들을 찾는 데 도움을 줍니다. 두 번째 지도에서는 부정적인 자기신념에 대한 진실을 알아내고 정상적으로 기능하는 참자기로 돌아가기 위해 심신 자각 기술을 사용하세요.

- **요구 진정시키기**—당신이 신체 긴장과 부정적인 자기대화를 알아차렸을 때, 당신의 요구를 알아내기 위해 잠시 시간을 갖고 심신 연결하기 기술을 사용하세요. (예 : 당신이 '난 절대 예전 같지 못할 거야.'라는 자기대화를 인식했다면, '난 이전의 나와 똑같아야만 한다.'라는 요구를 찾을 수 있을 것입니다.) 현재의 고통은 과거의 사건에서 오는 것이 아니라 과활성화된 동일성 시스템으로부터 오는 것이라는 사실을 기억하세요. 당신의 요구가 올라올 때, 즉시 자각하는 상태를 유지하면 요구의 힘이 약해집니다. 당신이 갑작스러운 또는 점진적인 신체 긴장의 해소를 인지할 때, 당신이 그 요구를 진정시켰다는 것을 알게 될 것입니다.

1. 하루 동안 부정적인 자기대화와 자기신념들이 당신을 낙담시키고 삶을 방해하지 않도록 심신 연결 하기 기술들을 사용해 보세요.

어떻게 되었습니까?

부정적인 자기신념	신체 긴장	당신은 심신 연결하기 기술들을 어떻게 사용 했는가	신체 감각	연결하기 이후 당신의 행동은 어떻게 변했는가
난 예전 같지 못할 거야.	가슴 답답함 숨이 가빠짐	내 생각에 이름을 붙였다. 에어컨 소리를 들었다.	가슴과 숨이 편안해 졌다.	더 많이 끝낼 수 있었다. 우울해지지 않았다.
좀 더 잘할 수 있었 는데.	속이 뒤틀림	나는 즉시 '내가 더 노력해야만 한다.'는 생각이 요구임을 알 아차렸다.	평온해짐	'불이 켜졌다.' 하루가 무난히 지나갔다.

당신의 삶을 방해하는 것은 트라우마가 아닙니다. 그것은 과거를 과거가 되지 못하게 하는 당신의 요구입니다. 동일성 시스템이 잠잠할 때는 부정적인 자기신념이 지속되기란 불가능합니다. 부정적인 자기신념은 당신의 요구가 자기치유력으로부터 당신을 차단시키고 있다는 것을 의미합니다. 당신이 과거에 무슨 일을 겪었는지에 관계없이 심신 연결하기 기술이 당신의 삶을 바꿀 수 있다는 사실을 당신은 곧 알게 될 것입니다.

2. 당신의 트라우마와 관련하여 가장 오래 지속된 부정적인 자기신념을 이용해서 지도를 작성해 보세요. 타원 안에 그것을 적고, 타원 주위에 부정적인 자기신념에 대한 당신의 생각들을 간단히 적어 보세요. 생각들을 편집하지 말고 빠르게 해보세요. 지도의 아래에 신체 긴장을 기술하세요.

나의 트라우마와 관련하여 가장 오래 지속된 부정적 자기신념 지도

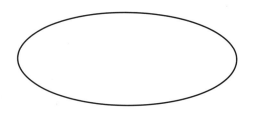

신체 긴장 : _____

가. 당신의 우울유발제는 무엇입니까?

_____

나. 당신의 수선공은 무엇입니까?

_____

다. 당신의 이야기줄기는 무엇입니까?

_____

라. 지도에 있는 각각의 생각들에 대한 기저의 요구들을 찾아 적으세요. (예 : 만약 당신이 '그건 절대 끝나지 않을 거야.'라는 생각을 했다면, 요구는 '난 지금 당장 그걸 끝내야 해.'가 될 수 있습니다.)

_____

　　이러한 요구들이 동일성 시스템을 활성화시키며, 당신의 트라우마를 재생하고, 치유를 방해합니다. 기억하세요. 문제는 사건이 아니라 요구들입니다. 당신의 요구를 인식하고 진정시키면 당신이 자신을 치유할 여유 공간이 생깁니다.

3. 타원 안에 동일한 부정적인 자기신념을 적고 지도를 다시 작성해 보세요. 계속해서 쓰기 전에 주위에서 들려오는 소리를 듣고, 앉아 있는 당신 몸의 압력을 느끼고, 바닥에 닿은 발의 감각을 느끼고, 손에 쥐고 있는 펜을 느껴 보세요. 일단 안정되었다고 느끼면, 손에 쥐고 있는 펜을 계속 느끼면서 자기신념에 대해 마음속에 떠오르는 생각은 무엇이든 쓰세요. 적으면서 계속해서 주위 소리에 귀를 기울이고, 손에 쥐고 있는 펜을 느끼고, 잉크가 종이에 스며드는 것을 보세요.

> **심신 연결하기를 사용한 '나의 트라우마와 관련하여 가장 오래 지속된 부정적 자기신념' 지도**

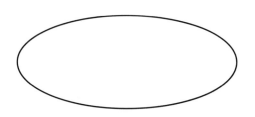

가. 이 지도는 이전 지도와 어떻게 다릅니까?

_____

나. 이런 상태에서 당신의 삶은 어떨 것 같습니까?

_____

동일성 시스템을 활성화시키는 것이 당신의 부정적인 생각이 아니라, 트라우마에 관한 당신의 요구라는 것을 당신은 깨닫기 시작했습니다. 당신은 심신 연결하기 지도를 사용해서 심신 연결하기 훈련의 힘을 알 수 있습니다. 또한 당신은 외상 후 스트레스 장애 증상에 대한 자기치유력의 효과를 깨닫기 시작했습니다.

트라우마와 관련된 부정적인 자기신념 치유하기의 성공 여부는 스스로의 요구를 진정시키는 당신의
능력에 달려 있습니다.

1. 하루 동안 당신이 요구를 진정시키는 데 성공했던 상황을 인지하세요.

　　가. 동일성 시스템이 활성화된 걸 알아차리기 전에 부정적인 자기대화가 얼마나 오래 지속되었습니
　　　　까?

　　　　_____

　　　　_____

　　　　_____

　　　　당신의 트라우마와 관련된 요구들을 알아차렸습니까? 만약 그렇다면 적어 보세요.

　　　　_____

　　　　_____

　　　　_____

　　　　당신은 그것들을 어떻게 진정시킬 수 있습니까?

　　　　_____

　　　　_____

　　　　_____

　　나. 부정적인 자기신념이 지속되는 경우에는 '나의 트라우마와 관련하여 가장 오래 지속된 부정적
　　　　인 자기신념 지도'를 한 번에 한 장씩 여러 장에 걸쳐서 반복적으로 작성해 보는 것이 도움이 됩
　　　　니다.

2. '나의 치유 과정에서 나는 어디에 있어야 하나?'라는 지도를 작성해 보세요. 타원 주위에 마음에 떠 오르는 어떤 생각이든 적어 보세요. 당신의 생각들을 편집하지 않고 빠르게 하세요. 지도의 아래에 신체 긴장을 기술하세요.

나의 치유 과정에서
나는 어디에 있어야 하나?

신체 긴장 : _____

당신의 지도에 있는 정보를 보고, 다음 표에 채워 넣으세요.

우울유발제	수선공	이야기줄기	요구

3. 심신 자각 훈련을 활용해서 이 지도를 다시 작성해 보세요. 쓰기 전에 주위에서 들려오는 소리를 듣고, 앉아 있는 당신 몸의 압력을 느끼고, 바닥에 닿은 발의 감각을 느끼고, 손에 쥐고 있는 펜을 느껴보세요. 일단 안정되었다고 느끼면, 손에 쥐고 있는 펜을 계속 느끼면서 마음속에 떠오르는 생각은 무엇이든 쓰세요. 적으면서 계속해서 주위 소리에 귀를 기울이고, 손에 쥐고 있는 펜을 느끼고, 잉크가 종이에 스며드는 것을 보세요. 몇 분 동안 써 보세요.

심신 연결하기를 사용한 '나의 치유 과정에서 나는 어디에 있어야 하나?'

가. 이 지도는 이전 지도와 어떻게 다릅니까?

_____

나. 이 지도는 동일성 시스템이 잠잠할 때 당신이 정상적으로 기능하고 있음을 당신에게 보여줍니다. 당신은 자기가치에 대한 당신의 감각에 대해 무엇을 알게 되었습니까? 당신은 치유되고 있거나 내적 지혜와 연결되고 있습니까?

_____

자신에게 관대해지고 어떤 일이 일어나는지 인식할 수 있도록 당신의 일상생활에서 심신 연결하기 기술을 사용하세요. 당신의 삶은 매 순간 사건들의 연속이며, 동일성 시스템과 친해질 때 당신이 운전석에 앉게 됩니다.

당신 삶의 매 순간은 공연입니다. 오늘은 심신 연결하기 기술을 사용해서 누가 공연을 하고 있는지 알아보세요. 당신의 손상된 자기인가요, 아니면 참자기인가요? 오늘 당신의 공연을 살펴보세요.

1. 손상된 자기—동일성 시스템이 과활성화되었던 다섯 가지 상황을 적어 보세요.

_____

_____

_____

_____

_____

_____

_____

2. 참자기—동일성 시스템이 잠잠했던 다섯 가지 상황을 적어 보세요.

_____

_____

_____

_____

_____

_____

_____

3. 동일성 시스템이 안정될 때 트라우마와 연관된 당신의 부정적인 자기신념이 존재할 수 있었습니까?

예 _____ 아니요_____

4. '나는 누구인가?' 지도를 작성해 보세요. 원 안에 당신이 누군지를 가장 잘 설명할 수 있는 자질을 적어 보세요. 적어도 여섯 가지 이상을 적은 뒤에, 원 밖에 각각의 자질의 반대말을 적고 선으로 연결하세요. 필요하다면 151쪽의 예시 지도를 보세요.

'나는 누구인가?' 지도

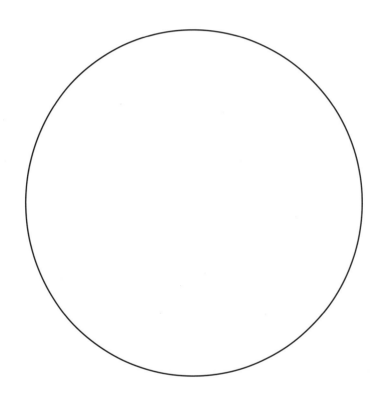

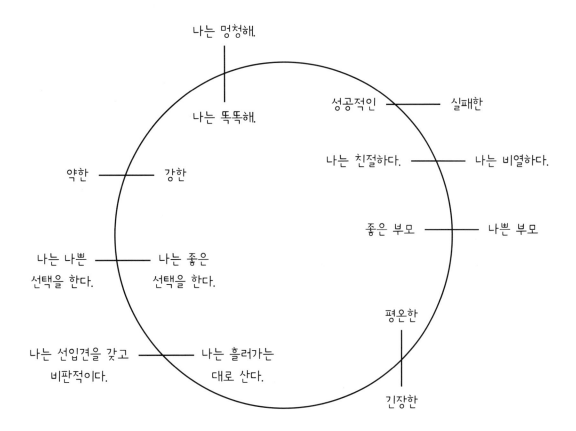

가. 원 안에 있는 각각의 자질을 보면 어떤 느낌이 듭니까?

_____

_____

_____

_____

나. 원 밖에 있는 각각의 자질을 보면 어떤 느낌이 듭니까?

_____

_____

_____

_____

다. 원 안의 자질들은 당신이 누군지를 진정으로 설명하는 것입니까? 예 _____ 아니요 _____

라. 원 밖의 자질들은 당신이 누군지를 진정으로 설명하는 것입니까? 예 _____ 아니요 _____

당신의 동일성 시스템은 원 안의 자질들이 당신을 정의한다고 믿게끔 합니다. 당신이 원 밖의 자질들 중 어떤 것이라도 갖고 있다는 생각이 들 때마다, 동일성 시스템은 당신이 부족하거나 손상받았다고 말합니다. 동일성 시스템은 당신이 생각하는 자신을 당신이라 믿게 하고 싶어 합니다. 당신이 작성한 자질들은 단지 생각일 뿐 당신이 아닙니다.

마. 심신 자각 기술과 생각에 이름붙이기를 사용해서, 지도에 있는 모든 자질을 다시 살펴보세요. 어떻게 됩니까?

_____

_____

_____

_____

연결하기를 통해, 당신은 지도에 있는 모든 것을 포함하도록 원을 확장시킵니다. 당신이 요구에 의해 조종당하지 않을 때 당신은 모든 것이 되며, 그것은 당신이 동일성 시스템을 활성화시키지 않고 지도상의 어떠한 자질이든 (심지어 부정적인 것도) 가질 수 있다는 것을 의미합니다.

심신 연결하기 주간 평가 척도

트라우마가 만든 부정적인 자기신념 치유하기

날짜 : _____

지난 한 주 동안 훈련이 어땠나요? 당신에게 가장 잘 맞는 곳에 체크(✓)하세요.

얼마나 자주……	거의 없음	가끔	보통	거의 항상
요구는 항상 동일성 시스템을 활성화시키고, 당신의 치유와 기능을 손상시킨다는 것을 인식했습니까?	___	___	___	___
요구가 당신의 부정적인 자기신념을 지속시킨다는 것을 인식했습니까?	___	___	___	___
요구를 진정시킴으로써 화나는 것을 막을 수 있습니까?	___	___	___	___
자신에 대한 요구가 당신을 가두고 진정한 당신이 되는 걸 가로막는다는 것을 알고 있습니까?	___	___	___	___
당신이라고 생각했던 것과 자신이 상당히 달랐던 경험을 했습니까?	___	___	___	___
참자기로 행동하기 위해 당신에게 필요한 모든 것은 동일성 시스템을 안정시켜 정상적인 기능을 하는 것임을 경험했습니까?	___	___	___	___
당신의 손상된 자기를 인지했습니까?	___	___	___	___
손상된 자기가 동일성 시스템이 만들어 낸 미신이었음을 경험했습니까?	___	___	___	___
정상적인 기능을 인지했습니까?	___	___	___	___
당신이 매 순간 정상적으로 기능할 때의 당신인 참자기를 인식했습니까?	___	___	___	___
일상적 삶의 부분들을 새로운 관점에서 인식했습니까?	___	___	___	___
치유, 선함, 지혜의 원천과 당신 자신이 연결된 경험을 했습니까?	___	___	___	___
당신의 대인관계가 향상되었음을 알아차렸습니까?	___	___	___	___
가정과 직장에서 더 잘 기능했습니까?	___	___	___	___
부정적인 자기신념의 감소를 알아차렸습니까?	___	___	___	___

전에는 당신이 붕괴되도록 만들곤 했지만, 이제는 동일성 시스템의 긴장을 풀어 주고 당신 스스로를 정상적으로 기능하게 함으로써 당신이 진정시킨 세 가지 요구를 적어 보세요.

_____

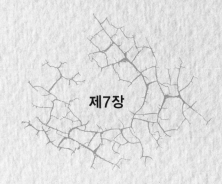

제7장

트라우마 기억을
단계적으로 해결하기

앞선 훈련을 마쳤다면 당신은 오늘을 위한 준비가 되어 있습니다. 당신은 동일성 시스템을 안정시키고 친구가 되기 위한 기술들을 배웠고, 트라우마 경험과 맞설 수 있는 기초를 다졌습니다. 동일성 시스템이 과활성화되어 혼란이 야기되면, 그것은 마치 적처럼 느껴질 것입니다. 한편 당신이 참자기에서 벗어날 때마다 당신에게 알려주는 친구로 여기게 되기도 했습니다. 이제 과활성화된 동일성 시스템의 조기 신호를 인지하기, 심신 자각 기술을 사용하기, 우울유발제 및 수선공과 친구되기, 당신의 요구를 진정시키기 등이 일상적 활동이 되었습니다. 때로는 심신 연결하기 기술이 효과가 없고, 때로는 많은 노력이 필요하기도 합니다. 정상적인 기능은 둘 중 어느 쪽이든 될 수 있으며, 또한 당신이 더욱더 많은 것을 하게 되는 것입니다.

트라우마 기억을 해결하기 위해 당신은 많은 심신 지도를 작성할 것입니다. 당신이 아는 것처럼, 심신 지도 작성은 종이에 당신의 생각을 자유롭게 적고 신체 감각에 주목하는 신속하면서도 간단한 훈련입니다. 지도를 작성함으로써 당신은 정상적으로 기능하는 자각을 통해 활성화된 동일성 시스템을 부드럽게 알아차릴 기회를 얻게 됩니다. 이 장에서는 방울 지도(bubble mapping)라 불리는 고급 지도 작성 훈련을 소개합니다. 이것은 명료함을 증가시키고 동일성 시스템의 정서적 왜곡을 감소시키는 간단하고도 강력한 기술입니다.

1. 이 교재를 시작하기 전에 당신을 괴롭혔던 트라우마와 관련된 증상을 생각해 보세요. 그 증상들을 아래 표에 기록하고 시작할 때와 지금을 비교해 보세요. 아래의 증상 목록이 참고가 될 것입니다.

- 재현(flashbocks)—마치 당신이 트라우마를 다시 겪고 있는 것 같은 침습적인 생각, 냄새, 장면, 소리, 감각, 혹은 트라우마에 대해 당신의 마음속에 떠오르는 감정
- 재현이 너무나 강렬해서 당신이 어디에 있는지를 놓쳐 버리는 것
- 악몽 꾸기—트라우마와 연관된 강렬하고 깜짝 놀랄 만한 악몽
- 트라우마와 연관된 상황, 사고, 감정을 피하기
- 멍한 느낌 혹은 무감정
- 주위에 대한 무관심
- 잠들기 혹은 집중하기 어려움, 짜증, 분노, 경계하거나 쉽게 놀라게 됨, 안절부절못함 등을 유발하는 과민한 심신 상태가 되는 것(증가된 각성, 흥분)

당신의 증상을 이 표에 기록한 뒤, 그 빈도를 '전혀 없음, 매주, 주 2~3회, 혹은 매일'로 표시하세요. 그리고 당신의 생활에 미치는 영향을 '전혀 없음, 약함, 보통, 심각함'으로 표시하세요.

증상	교재 시행 전		현재	
	빈도	삶에 미치는 영향	빈도	삶에 미치는 영향
사고와 죽음에 대한 침습적인 생각	매일	심각함	매주	약함

2. 타원 안에 당신에게 트라우마가 되었던 사건에 관한 가장 힘든 기억을 적어서 트라우마 지도를 작성해 보세요. 타원 주위에 그 사건에 대한 당신의 생각을 3~5분간 쓰세요. 지도 아래에 신체 긴장을 기술하세요. 158쪽의 예시 지도를 참조하세요.

트라우마 지도

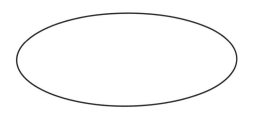

신체 긴장 : _____

가. 많은 신체 긴장을 일으키는 생각 주위로 원(방울)을 그려서 당신의 지도에 방울을 만드세요. 그리고 원 안의 생각 주위에 당신의 생각을 다시 몇 분 동안 적어 보세요. 이제 두 번째로 힘든 생각을 방울로 만드세요.

나. 각 방울 주위에 있는 생각에 대한 당신의 요구를 아래에 적으세요. (예 : 예시 지도 B에 있는 것처럼 '사람들은 나를 쳐다보지 말아야 한다.'라는 생각은 생각이자 요구이고, '사람 많은 곳에 나가기 싫다.'라는 생각은 '나는 사람 많은 곳에 나가지 말아야 한다.'는 잠재된 요구입니다.)

_____

_____

나는 좀 더 노력했어야 했다.

내 책임이다.

잠을 잘 수가 없다.

나는 절대
극복하지 못할 것이다.

존이
살해되었다.

그는 내 형제 같았다.

우리는 왜 몰랐나?

매복한 적에게
습격당했다.

우리는 좀 더 똑똑했어야 했다.

모든 것이 뒤죽박죽되었다.

주의 집중할 수 없다.

군중 속에
나가기가 싫다.

갑작스러운 움직임

누가 적인지 말할 수 없다.

경계를 한다.

사람들은 나를 쳐다보지 말아야 한다.

그들이 나를
쳐다보는 방식

사람 많은 곳에
나가기 싫다.

내가 왜 그 옷을 입었나?

대부분의 장소는 위험하다.

모든 사람이 알고 있다.

폭행당하고
강간당했음

잠을 못 잔다.

두렵다.

그 거리를 걸어 다니지
말았어야 했다.

신은 날 사랑하지 않는다.

그가 어떻게 행동할지
알았어야 했다.

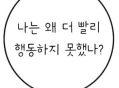

나는 왜 더 빨리
행동하지 못했나?

내가 술을 왜 그렇게
많이 마셨었나?

나는 그 자리를 떠났어야 했다.

3. 당신의 트라우마 지도에서 방울 항목 하나를 선택해서 그것을 아래 타원 안에 쓰세요(예 : 그들이 나를 쳐다보는 방식). 계속해서 쓰기 전에 주위에서 들려오는 소리를 듣고, 앉아 있는 당신 몸의 압력을 느끼고, 바닥에 닿은 발의 감각을 느끼고, 손에 쥐고 있는 펜을 느껴 보세요. 일단 안정되었다고 느끼면, 손에 쥐고 있는 펜을 계속 느끼면서 쓰기 시작하세요. 잉크가 종이에 스며드는 것을 보고, 주위 소리에 귀를 기울이세요. 몇 분 동안 마음속에 떠오르는 생각은 무엇이든 적어 보세요.

심신 연결하기를 사용한 첫 번째 트라우마 방울 지도

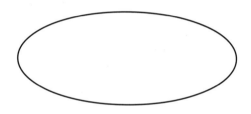

이 지도상의 신체 긴장을 앞서 작성한 트라우마 지도와 비교해 보세요.

_____

_____

지도 작성하기 경험을 통해 당신은 스스로를 치유하는 자신의 능력을 보게 됩니다.

4. 당신의 트라우마 지도에서 다른 방울 항목을 선택해서 그것을 타원 안에 쓰세요(예 : 나는 왜 더 빨리 행동하지 못했나?). 계속해서 쓰기 전에 주위에서 들려오는 소리를 듣고, 앉아 있는 당신 몸의 압력을 느끼고, 바닥에 닿은 발의 감각을 느끼고, 손에 쥐고 있는 펜을 느껴 보세요. 일단 안정되었다고 느끼면, 손에 쥐고 있는 펜을 계속 느끼면서 쓰기 시작하세요. 잉크가 종이에 스며드는 것을 보고, 주위 소리에 귀를 기울이세요. 몇 분 동안 마음속에 떠오르는 생각은 무엇이든 적어 보세요.

심신 연결하기를 사용한 두 번째 트라우마 방울 지도

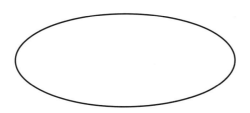

이 지도상의 신체 긴장을 앞서 작성한 트라우마 지도와 비교해 보세요.

_____

_____

5. 이제 오늘의 첫 번째 트라우마 지도 연습을 다시 해보세요. 아래의 타원 안에 당신이 처음에 작성한 지도에서와 동일한 트라우마 사건을 쓰세요. 쓰기 전에 주위에서 들려오는 소리를 듣고, 앉아 있는 당신 몸의 압력을 느끼고, 바닥에 닿은 발의 감각을 느끼고, 손에 쥐고 있는 펜을 느껴 보세요. 일단 안정되었다고 느끼면, 손에 쥐고 있는 펜을 계속 느끼면서 쓰기 시작하세요. 잉크가 종이에 스며드는 것을 보고, 주위 소리에 귀를 기울이세요. 몇 분 동안 마음속에 떠오르는 생각은 무엇이든 적어보세요.

심신 연결하기를 사용한 트라우마 지도

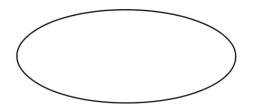

이 지도를 당신의 첫 번째 트라우마 지도와 비교해 보세요. 무엇을 알게 됐습니까?

_____

_____

첫 번째 트라우마 지도에서 당신은 동일성 시스템의 렌즈를 통해 트라우마 기억을 경험했습니다. 이번 심신 연결하기 지도에서 당신은 트라우마 기억을 다시 경험했지만, 이번에는 동일성 시스템이 잠잠했고 당신의 참자기 렌즈를 통해서였습니다. 심신 연결하기는 과활성화된 동일성 시스템에 의한 왜곡 없이 트라우마 사건에 대한 진실을 당신에게 알려줍니다.

6. 오늘의 훈련 중 첫 번째 트라우마 지도를 살펴보고, 신체 긴장을 일으키는 항목을 기록하세요. 기저의 요구를 인식하세요.

신체 긴장을 유발하는 항목	요구
나는 왜 그 옷을 입었을까? 갑작스러운 움직임	나는 그 옷을 입지 말았어야 했다. 그런 갑작스러운 움직임이 없었어야 했다.

7. 당신이 트라우마 기억을 반복해서 경험하는 것은 단지 동일성 시스템의 과활성(그 자체를 유지하기 위해 트라우마 사건에 대한 생각과 기억을 이용한다.)에 의한 것임을 알고 있습니까?

예 _____ 아니요 _____

   당신이 아는 것처럼 오직 요구만이 동일성 시스템을 활성화시킬 수 있습니다. 트라우마 기억을 해결하고 스스로를 치유하는 것은 오직 현재 상황(예 : 갑작스러운 움직임이 없어야 한다.)과 과거의 트라우마 사건(예 : 나는 그 옷을 입지 말았어야 했다.) 모두와 연관된 요구를 당신이 알아내고 진정시킬 때 가능합니다.

8. 당신이 이전의 요구를 어떻게 실시간으로 진정시킬 것인지를 기술하세요.

_____

_____

_____

하루 동안 당신이 트라우마 기억을 경험할 때를 자각하고, 동일성 시스템을 잠재워 심신의 고통을 줄여 보세요. (심신 자각 기술과 생각에 이름붙이기, 요구를 인지하고 진정시키기를 이용하세요.)

1. 무슨 일이 일어났습니까?

_____

_____

_____

_____

_____

_____

_____

2. 당신의 트라우마 기억을 경험하는 것은 누구입니까? 참자기입니까, 아니면 손상받은 자기입니까? 당신은 무엇을 관찰했습니까?

_____

_____

_____

_____

_____

_____

_____

당신의 참자기(동일성 시스템이 잠잠해진 상태의 당신)는 많은 여유 공간을 가지고 있어서 (그림 1.1 참조) 당신이 가지고 있는 어떤 기억도 당신의 삶을 방해하지 않을 것입니다.

3. 반복해서 되살아나는 트라우마 기억에 대한 트라우마 지도를 작성하세요. 타원 안에 트라우마 사건에 대한 기억을 쓰세요. 타원 주위에 3~4분 동안 그 사건에 대한 당신의 생각을 두루두루 적어 보세요. 그다음 지도의 아래에 신체 긴장을 기록하세요.

트라우마 지도

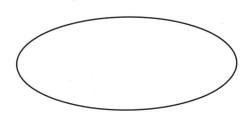

신체 긴장 : _____

4. 과도한 신체 긴장을 유발하는 생각 주위로 원(방울)을 그려서, 당신의 지도에 방울을 만드세요. 몇 분 동안 원 안에 있는 항목 주위에 당신의 생각을 두루두루 적어 보세요. 힘든 항목은 무엇이든 방울로 만드세요.

가. 방울이 만들어진 지도를 이용하여 아래의 도표를 완성하세요. 각 항목에 연관된 신체 긴장을 적으세요. 기저에 있는 요구를 알아보세요.

항목	신체 긴장	요구

나. 심신 자각 기술과 생각에 이름붙이기를 이용해서 위의 표를 다시 살펴보세요. 천천히 하세요. 아무것도 수정하지 마세요. 부드럽게 치유하기 위해 필요한 것은 단지 당신의 자각입니다.

당신을 힘들게 하는 증상들의 원천인 동일성 시스템을 안정시키고 요구를 진정시키기 위해 남은 시간 동안 심신 연결하기 훈련을 계속해서 사용하세요.

5. 마지막 트라우마 지도를 다시 작성하세요. 타원 안에 트라우마 사건에 대한 동일한 기억을 쓰세요. 쓰기 전에 주위에서 들려오는 소리를 듣고, 앉아 있는 당신 몸의 압력을 느끼고, 바닥에 닿은 발의 감각을 느끼고, 손에 쥐고 있는 펜을 느껴 보세요. 일단 안정되었다고 느끼면, 손에 쥐고 있는 펜을 계속 느끼면서 쓰기 시작하세요. 잉크가 종이에 스며드는 것을 보고, 주위 소리에 귀를 기울이세요. 몇 분 동안 마음속에 떠오르는 생각은 무엇이든 적어 보세요.

심신 연결하기를 사용한 트라우마 지도

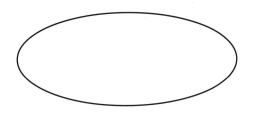

두 지도의 차이점을 알아보세요.

가. 심신 연결하기 사용 후 당신의 심신 상태는 어떻습니까?

_____

_____

나. 당신이 누구인지 혹은 당신이 무엇을 겪었는지 관계없이, 당신이 스스로를 치유하는 힘과 지혜를 가지고 있다는 진실을 알게 되었습니까? 예 _____ 아니요 _____

다. 그 상황이 다시 발생할 때 당신은 앞서 작성한 지도에 있던 당신의 요구를 진정시킬 수 있겠습니까? 예 _____ 아니요 _____

1. 악몽 지도를 작성해 보세요. 타원 안에 당신의 악몽에서 가장 괴로운 이미지, 주제, 혹은 내용을 적어 보세요. 타원 주위에 당신의 마음속에 떠오르는 생각은 무엇이든 두루두루 적어 보세요. 그 생각들이 악몽과 무관해 보여도 개의치 마세요. 천천히 하세요. 다 끝냈을 때 지도의 아래에 신체 긴장에 대해 쓰세요.

악몽 지도

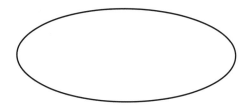

신체 긴장 : _____

　꿈을 꾸는 것은 조직화하고 처리하는 기능으로 행복에 필수적인 과정입니다. 꿈의 목적은 정신적·신체적 건강을 회복하고 새롭게 하는 것입니다. 당신의 생물학적 시스템은 꿈을 위한 하드웨어를 제공하고, 동일성 시스템은 소프트웨어 혹은 내용의 중요한 공급자가 됩니다. 왜일까요? 꿈을 꾸는 것은 당신의 혼란스러운 생각들을 해결하기 위한 시도이기 때문입니다. 당신이 이미 알고 있듯이, 동일성 시스템이 혼란스러운 생각들을 주로 만들기 때문에 꿈 내용의 대부분은 동일성 시스템과 관련이 있습니다.

2. 당신의 지도에서 동일성 시스템의 신호를 찾을 수 있는지 살펴보세요.

가. 당신의 우울유발제는 무엇입니까?

_____

_____

_____

_____

나. 당신의 수선공은 무엇입니까?

_____

_____

_____

_____

_____

다. 당신의 이야기줄기는 무엇입니까?

_____

_____

_____

_____

_____

라. 당신의 잠재된 요구는 무엇입니까?

_____

_____

_____

_____

_____

3. 악몽 지도를 다시 작성해 보세요. 당신의 악몽에서 동일한 괴로운 이미지, 주제, 혹은 내용을 쓰세요. 쓰기 전에 주위에서 들려오는 소리를 듣고, 앉아 있는 당신 몸의 압력을 느끼고, 바닥에 닿은 발의 감각을 느끼고, 손에 쥐고 있는 펜을 느껴 보세요. 일단 안정되었다고 느끼면, 손에 쥐고 있는 펜을 계속 느끼면서 쓰기 시작하세요. 잉크가 종이에 스며드는 것을 보고, 주위 소리에 귀를 기울이세요. 몇 분 동안 마음속에 떠오르는 생각은 무엇이든 적어 보세요.

심신 연결하기를 사용한 악몽 지도

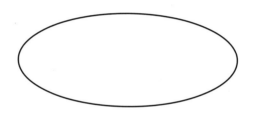

가. 당신이 작성한 두 지도를 비교해 보세요.

_____

_____

_____

나. 당신은 동일성 시스템이 악몽에 주된 영향을 준다는 것을 깨닫기 시작했습니까?

예 _____ 아니요 _____

더 나은 수면을 위한 심신 연결하기 기술

1. 잠자리에 들기 전에 '내 마음에 무엇이 있는가?' 지도를 작성해 봅시다. 종이의 가운데에 '내 마음에 무엇이 있는가?'를 적고 그 주위로 타원을 그리세요. 그다음 마음속에 떠오르는 어떤 생각이든 쓰세요. 복잡한 머리로는 절대로 복잡한 머리를 안정시킬 수 없음을 기억하세요. 해결하지 못한 동일성 시스템의 활동을 적으세요. 이제 심신 자각 기술을 이용해서 지도를 다시 작성하세요. 동일성 시스템이 안정되면, 당신은 잠잘 준비가 된 것입니다.

2. 당신이 가장 좋아하는 야간 심신 자각 기술을 잠자리에서 이용하는 습관을 만드세요(예 : 선풍기나 시계 소리에 귀를 기울이기. 이불, 베개, 혹은 침대보의 질감을 느끼기)

3. 만약 당신이 어떤 이유로 잠에서 깬다면, '나는 자는 도중에 깨면 안 돼, 개가 짖으면 안 돼, 혹은 이웃들은 조용히 해야 해.'와 같은 당신의 요구를 알아차리세요. 당신의 이야기줄기에 마음을 빼앗기기 전에 심신 자각 기술을 이용하세요.

4. 당신이 악몽을 꾼다면 '나는 악몽을 꾸지 말아야 해.'와 같은 명백한 요구를 알아차리고, 당신이 악몽을 꾸는 이유가 끔찍한 내용 때문이 아니라 과활성화된 동일성 시스템 때문이라는 것을 깨닫고, 다시 심신 자각 기술로 돌아가세요.

5. 악몽을 꾸고 난 다음 날 아침에 악몽 지도를 작성하세요. 종이 한 장에 악몽의 가장 괴로운 이미지, 주제, 혹은 내용을 쓰세요. 그 주위에 타원을 그리세요. 타원 주위에 당신의 생각을 수정하지 말고 빠르게 두루두루 적으세요. 우울유발제와 수선공에 특별히 주의를 기울여서 당신이 할 수 있는 한 많은 요구들을 알아보세요. 동일성 시스템은 당신이 꿈을 동일성 시스템의 산물로 여기지 않고 꿈의 의미를 찾고 더 많은 이야기줄기를 만들어 내기를 원합니다. 이제 심신 자각 기술을 이용하여 지도를 다시 작성하세요. 두 번째 지도(심신 자각하기 지도)는 꿈의 에너지, 고통, 영향력을 해소시켜 줍니다.

낮 동안 심신 자각 기술을 이용하는 습관은 동일성 시스템을 진정시켜 당신의 심신이 스스로를 조절하고 치유할 수 있게 해줍니다. 수면은 점차 호전될 것이고, 당신은 상쾌하게 일어날 것입니다.

1. 하루 동안 당신이 피하고 싶었던 활동, 장소, 사람, 혹은 사건을 자각하세요. 당신이 회피하는 것 혹은 사람에 대해 적고, 기저에 있는 트라우마 사건을 당신이 찾을 수 있는지 기록하세요.

내가 회피하는 상황 혹은 사람	트라우마 사건
고속도로 운전	내가 운전하던 중 사고로 아이들이 사망했다.
남자와 데이트하기	예전 남자친구에게 강간당했다.
지하철 타기	(모르겠다.)
보훈 병원 가기	이라크에서의 전투

2. 트라우마 사건과 관련하여 당신이 가장 회피하고자 하는 활동, 장소, 사람, 혹은 사건에 관한 지도를 작성해 보세요. 타원 안에 그것을 쓰세요. 타원 주위에 약 3~5분 동안 당신의 생각을 편집하지 말고 두루두루 쓰세요. 지도 아래에 신체 긴장을 쓰세요. 174쪽의 예시 지도를 참조하세요.

내가 회피하는 상황 혹은 사람 지도

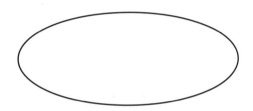

신체 긴장 : _____

    가. 신체 긴장을 가장 많이 일으키는 항목 주위에 원(방울)을 그려서 당신의 지도에 방울을 만드세요. 몇 분 동안 원으로 둘러싸인 항목 주위에 당신의 생각을 두루두루 쓰세요. 괴로운 항목은 무엇이든 방울을 만드세요.

    나. 가능한 한 많은 요구를 알아보고 기록하세요.

_____

    다. 이런 상태에서 당신은 어떻게 행동합니까?

_____

예시 지도 A : 내가 회피하는 상황 혹은 사람

그들은 마치 술 취한 듯 운전한다. 모든 종류의 도로공사

아마 나는 미쳤다.

죽음의 덫

(고속도로에서
운전하기)

어디서든
일어나는 사고

사람들은 거칠게 운전한다.

그들은 주의하지 않는다.

신체 긴장 :
가슴 답답함
숨쉬기 어려움

요구 :
사람들은 거칠게 운전해서는 안 된다.
도로공사가 없어야 한다.
고속도로는 안전해야 한다.

예시 지도 B : 내가 회피하는 상황 혹은 사람

그가 이 사실을 알면 나를
절대 좋아하지 않을 것이다.

그는 나에게 상처를 줄지도 모른다.

나는 더럽다.

(남자와 데이트하기)

그는 나와 데이트하길 원한다.

나는 약하다.

나쁘게 끝날 것이다.

안전하지 않다.

신체 긴장 :
어깨가 묵직하다.
복통

요구 :
그는 나에게 상처를 줘서는 안 된다.
안전해야 한다.
나는 강해야만 한다.

3. 내가 회피하는 상황 혹은 사람 지도를 다시 작성해 보세요. 타원 안에 동일한 활동, 장소, 사람, 혹은 사건을 쓰세요. 쓰기 전에 주위에서 들려오는 소리를 듣고, 앉아 있는 당신 몸의 압력을 느끼고, 바닥에 닿은 발의 감각을 느끼고, 손에 쥐고 있는 펜을 느껴 보세요. 일단 안정되었다고 느끼면, 손에 쥐고 있는 펜을 계속 느끼면서 쓰기 시작하세요. 잉크가 종이에 스며드는 것을 보고, 주위 소리에 귀를 기울이세요. 몇 분 동안 마음속에 떠오르는 생각은 무엇이든 적어 보세요.

> **심신 연결하기를 사용한 '내가 회피하는 상황 혹은 사람' 지도**

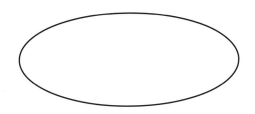

두 지도의 차이점을 알아보세요.

가. 심신 연결하기를 하고 난 다음 당신의 심신 상태는 어떻습니까?

_____

심신 연결하기를 통해 이 지도는 사람과 상황을 회피하려는 욕구가 동일성 시스템과 직접적으로 연관된다는 것을 보여줍니다. 동일성 시스템이 과활성화되었을 때, 당신은 선택의 자유를 포기합니다. 동일성 시스템이 잠잠하면 과거 트라우마는 당신이 관계를 맺는 사람, 가고자 하는 장소, 혹은 참여하려는 활동에 대한 당신의 선택을 제한시키지 않습니다.

나. 이제 당신은 그 상황이 다시 일어날 때, 이전 지도에서의 요구를 진정시키고 선택의 자유를 되찾을 수 있습니까? 예 _____ 아니요 _____

1. 하루 동안 당신이 감정적으로 망연자실할 때마다 잠시 시간을 내어 감각에 초점을 맞추고, 그런 다음 하던 일로 돌아가세요.

   가. 당신이 감각에 집중할 때 무슨 일이 일어났습니까?

   _____

   _____

   _____

   나. 동일성 시스템을 활성화시키고, 당신을 망연자실하게 만든 사건이 있었습니까? 만약 그렇다면 그것들을 기록하세요.

   _____

   _____

   _____

   다. 기저의 요구를 알아낼 수 있습니까?

   _____

   _____

   _____

   라. 당신은 어떻게 그 요구를 진정시킬 수 있었습니까?

   _____

   _____

   _____

   원치 않은 감정이 올라올 때마다 당신을 망연자실하게 하는 내재된 요구를 인지하는 것이 중요합니다. (예 : 나는 이것을 느끼거나 그것에 대해 생각하고 싶지 않다.) 심신 자각 기술을 이용하면 당신이 과거의 트라우마 사건과 피하고 싶은 감정 그 이상의 존재라는 것을 알게 됩니다. 심신 자각 기술을 이용하는 습관을 만드는 것은 살아 있음을 다시 느끼는 데 중요합니다.

2. 감정 지도를 작성하세요. 당신 삶에 가장 큰 영향을 주는 감정을 타원 안에 쓰세요(예: 화, 분노, 슬픔, 무감각). 타원 주위에 3~5분 동안 당신의 생각을 편집하지 말고 두루두루 쓰세요. 지도의 아래에 신체 긴장에 대해 쓰세요.

감정 지도

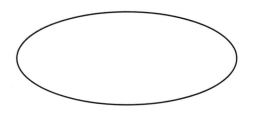

신체 긴장 : _____

가. 신체 긴장을 가장 많이 일으키는 항목 주위에 원(방울)을 그려서 당신의 지도에 방울을 만드세요. 몇 분 동안 원으로 둘러싸인 항목 주위에 당신의 생각을 두루두루 쓰세요. 괴로운 항목은 무엇이든 방울을 만드세요.

나. 가능한 한 많은 요구를 알아내고 기록하세요.

_____

다. 이런 상태에서 당신은 어떻게 행동합니까?

_____

3. 타원 안에 동일한 감정을 쓰고 지도를 다시 작성하세요. 쓰기 전에 주위에서 들려오는 소리를 듣고, 앉아 있는 당신 몸의 압력을 느끼고, 바닥에 닿은 발의 감각을 느끼고, 손에 쥐고 있는 펜을 느껴 보세요. 일단 안정되었다고 느끼면, 손에 쥐고 있는 펜을 계속 느끼면서 쓰기 시작하세요. 잉크가 종이에 스며드는 것을 보고, 주위 소리에 귀를 기울이세요. 몇 분 동안 마음속에 떠오르는 생각은 무엇이든 적어 보세요.

심신 연결하기를 사용한 감정 지도

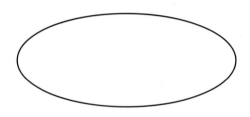

심신 연결하기를 하고 난 다음 당신의 심신 상태는 어떠하며, 이런 상태에서 당신은 어떻게 행동합니까?

_____

_____

　생각과 마찬가지로 모든 감정은 동일성 시스템이 그것을 붙잡기 전까지는 정상적인 기능에서 나옵니다. 하루 중 당신의 감정이 가장 좋을 때, 감정의 두 부분(사고와 신체 감각)을 인식하기 위해 심신 자각 기술과 생각에 이름붙이기를 이용하세요. 이 지도에서 배웠듯이, 감정은 신체가 고요할 때는 참자기로부터 운전석을 뺏을 수 없습니다. 지금 바로 시도해 보세요. 감정적으로 힘든 상황을 떠올려 주위 소리에 귀를 기울이고, 당신의 신체에 무슨 일이 일어나는지를 알아보세요. 통제권을 넘겨받기 위해 당신의 동일성 시스템은 신체 긴장을 필요로 합니다.

1. 당신 삶에서 당신을 가로막고 있는 가장 중요한 세 가지를 쓰세요. 당신의 외모, 두뇌, 아이, 가난, 낮은 학력, 인종, 트라우마, 혹은 그 밖의 어떤 것들이 포함됩니까?

_____

2. '무엇이 나를 가로막고 있는가?' 지도를 작성하세요. 타원 안에 최근 당신을 가로막고 있는 가장 큰 문제를 쓰세요. 타원 주위에 3~5분간 당신의 생각을 편집하지 말고 두루두루 쓰세요. 지도의 아래에는 신체 긴장을 쓰세요.

'무엇이 나를 가로막고 있는가' 지도

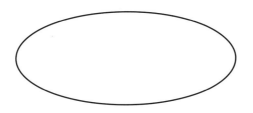

신체 긴장 : _____

　가. 당신의 이야기줄기를 기록하세요.

_____

　나. 당신의 요구를 기록하세요.

_____

　다. 이런 상태에서 당신은 어떻게 행동합니까?

_____

3. 이 지도를 다시 작성하세요. 타원 안에 당신을 가로막고 있는 동일한 문제를 쓰세요. 쓰기 전에 주위에서 들려오는 소리를 듣고, 앉아 있는 당신 몸의 압력을 느끼고, 바닥에 닿은 발의 감각을 느끼고, 손에 쥐고 있는 펜을 느껴 보세요. 일단 안정되었다고 느끼면, 손에 쥐고 있는 펜을 계속 느끼면서 쓰기 시작하세요. 잉크가 종이에 스며드는 것을 보고, 주위 소리에 귀를 기울이세요. 몇 분 동안 마음속에 떠오르는 생각은 무엇이든 적어 보세요.

심신 연결하기를 사용한 '무엇이 나를 가로막고 있는가' 지도

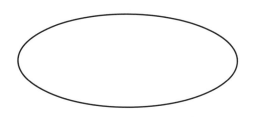

가. 심신 연결하기를 하고 난 후 당신의 심신 상태는 어떻습니까?

_____

나. 이전 지도에 있던 것들이 정말로 당신을 가로막고 있는 것입니까, 아니면 당신이 기록한 요구들입니까?

_____

다. 당신은 이 지도를 통해 당신 삶에서 자신을 진전시켜 줄 새로운 대안을 알 수 있습니까? 그것들을 기록하세요.

_____

1. 오늘은 만약 당신이 짜증나거나, 화나거나, 경계를 하거나, 쉽게 놀란다면, 혹은 당신이 집중하는 데 어려움을 느낀다면, 잠시 시간을 내어 감각에 집중하고 당신이 가장 선호하는 심신 연결하기 기술을 사용하세요.

    가. 그 상황을 기록하세요. 어떻게 됐습니까?

    _____

    _____

    _____

    _____

    나. 당신의 잠재된 요구를 인지했습니까? 만약 그렇다면 그것들을 기록하세요.

    _____

    _____

    _____

    _____

    다. 당신의 요구에 의해 활성화된 동일성 시스템이 당신의 고통, 한계, 문제되는 행동을 일으킨다는 것을 알고 있습니까? 예 _____ 아니요 _____

    라. 당신 스스로를 불완전하거나 손상된 존재가 아님을 경험할 수 있었습니까?

    예 _____ 아니요 _____

2. 위의 상황 중 당신이 심신 연결하기 기술을 사용할 때조차도 여전히 고통을 유발하는 것이 있다면 그것을 기록하세요.

    _____

    _____

    _____

    _____

3. 앞의 목록에서 가장 문제가 되는 상황을 이용하여 지도를 작성하세요. 타원 안에 그것을 적고, 그 주위에 3~5분 동안 당신의 생각을 편집하지 말고 두루두루 쓰세요. 지도의 아래에 신체 긴장을 쓰세요.

여전히 고통스러운 상황 지도

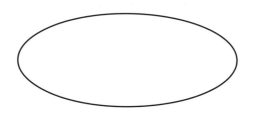

신체 긴장 : _____

가. 가장 심한 신체 긴장을 일으키는 생각 주위에 원(방울)을 그려서 지도에 방울을 만드세요. 원이 그려진 항목 주위로 더 많은 생각들을 몇 분 동안 적으세요. 문제가 되는 항목들은 어떤 것이라도 방울을 만드세요.

나. 가능한 한 많은 요구를 알아보세요.

_____

다. 이런 상태에서 당신은 어떻게 행동합니까?

_____

4. 타원 안에 동일한 상황을 쓰고 지도를 다시 작성하세요. 쓰기 전에 주위에서 들려오는 소리를 듣고, 앉아 있는 당신 몸의 압력을 느끼고, 바닥에 닿은 발의 감각을 느끼고, 손에 쥐고 있는 펜을 느껴 보세요. 일단 안정되었다고 느끼면, 손에 쥐고 있는 펜을 계속 느끼면서 쓰기 시작하세요. 잉크가 종이에 스며드는 것을 보고, 주위 소리에 귀를 기울이세요. 몇 분 동안 마음속에 떠오르는 생각은 무엇이든 적어 보세요.

심신 연결하기를 사용한 '여전히 고통스러운 상황' 지도

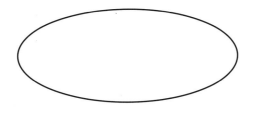

가. 지금 당신의 심신 상태는 어떻습니까?

_____

나. 그 상황이 다시 일어난다면 당신은 그 상황을 어떻게 더 잘 다룰 수 있을지 쓰세요.

_____

5. 제7장의 시작 부분에 있는 첫째 날의 증상 표로 돌아가세요. 종이 한 장에 당신이 여전히 가지고 있는 증상들을 어떤 것이든 지도로 작성하세요. 당신의 모든 심신 연결하기 기술(심신 자각 기술, 생각에 이름붙이기, 요구를 인지하고 진정시키기)을 사용한다는 것을 기억하세요. 원래보다 강도가 약해진 증상들을 주목하세요.

심신 연결하기 주간 평가 척도
트라우마 기억을 단계적으로 해결하기

날짜 : _____

지난 한 주 동안 훈련이 어땠나요? 당신에게 가장 잘 맞는 곳에 체크(✓)하세요.

얼마나 자주······	거의 없음	가끔	보통	거의 항상
트라우마 기억이 신체 긴장과 정신적 혼란을 일으킨다는 것을 알았습니까?	___	___	___	___
당신 삶을 방해하는 트라우마 기억을 동일성 시스템이 붙잡는 때를 알아냈습니까?	___	___	___	___
증상을 일으키고 있는 지난날의 트라우마에 대한 요구를 인지했습니까?	___	___	___	___
하루 동안 동일성 시스템을 촉발시켰던 요구를 진정시킴으로써 도움을 받았습니까?	___	___	___	___
트라우마 기억을 없애지 않아도 되도록 동일성 시스템이 활성화되는 것을 막았습니까?	___	___	___	___
신체와 일상적 활동이 연결된 느낌을 받기 위해 심신 연결하기 기술을 이용했습니까?	___	___	___	___
더 잘 자고, 이완하고, 집중하고, 더 차분한 기질을 갖게 되었음을 알아차렸습니까?	___	___	___	___

당신이 진정시켰던 세 가지 요구를 기록하세요.

_____

_____

_____

심신 연결하기를 사용함으로써 당신의 삶이 어떻게 변화했는지에 대한 세 가지 예를 기록하세요.

_____

_____

_____

제8장

트라우마 다루기 :
유발요인과 두려움

이 장은 트라우마와 연관된 유발요인과 당신의 치유를 방해하는 두려움에 초점을 맞춥니다. 당신의 고통을 야기하는 것은 현재의 활동도, 과거의 트라우마 사건도, 혹은 심지어 트라우마에 대한 당신의 기억도 아니라는 것을 깨닫게 될 것입니다. 그것은 동일성 시스템을 활성화시키고, 당신이 불완전하고 손상되었다는 잘못된 믿음을 지지하는 현재의 요구들입니다.

유발요인은 당신의 요구를 충족시키는 데 실패해 동일성 시스템을 활성화시키는 현재의 사건들입니다. 일단 활성화되면 동일성 시스템은 심신의 고통을 야기하는 이야기줄기(이 경우에는 과거 트라우마에 대한 기억)를 지어냅니다. 당신이 유발요인(예 : 소리, 냄새, 혹은 누군가가 한 말이나 행동)을 자각하게 될 때, 그것이 당신을 진정한 범인인 당신의 요구로 이끈다는 점을 이해하는 것이 중요합니다. 이 장에서는 당신이 두려움, 한계 혹은 과거의 트라우마 사건의 희생양이 아니라는 것을 직접 볼 수 있는 기회를 갖게 될 것입니다. 당신의 심신은 외상 후 스트레스 장애에서 치유될 수 있고, 당신은 마음의 평화를 움켜쥘 수 있습니다.

1. 사건이나 생각은 오직 그것이 당신의 요구 중 하나를 충족시키는 데 실패했을 때만 동일성 시스템을 유발시킬 수 있습니다. 하루 동안 과거의 트라우마를 상기시켜 당신을 괴롭히는 어떤 사건이든 알아보세요. 그 사건이 불러일으킨 신체 긴장을 기록하세요. 당신의 경험을 표에 기록하세요.

현재 유발요인	충족되지 않은 요구	나의 반응	트라우마 사건
헬리콥터 소리	헬리콥터가 내 집 주변을 날아다니면 안 된다.	가슴 답답함, 주먹에 힘이 들어감, 심장이 빠르게 뜀, 튀쳐나가 피하고 싶음	전쟁

고통을 야기하는 것은 현재의 사건이나 유발요인이 아니라, 동일성 시스템을 활성화시키는 충족되지 못한 당신의 요구라는 사실을 기억하세요.

2. 유발요인 지도(trigger map)를 작성해 보세요. 앞의 표에서 유발사건을 선택하세요. 타원 안에 그것을 쓰세요. 그다음 타원 주위에 마음속에 떠오르는 어떤 생각이든 타원 주위에 두루두루 적어 보세요. 당신의 생각을 편집하지 말고 3~5분 동안 쓰세요. 지도 아래에 신체 긴장을 기술하세요.

유발요인 지도

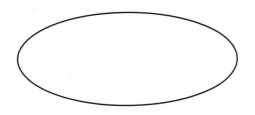

신체 긴장 : _____

가. 신체 긴장을 가장 많이 일으키는 항목 주위에 원(방울)을 그려서 당신의 지도에 방울을 만드세요. 몇 분 동안 원으로 둘러싸인 항목 주위에 당신의 생각을 두루두루 쓰세요. 문제가 되는 항목은 무엇이든 방울을 만드세요.

나. 당신의 요구를 기록하세요.

_____

다. 이런 상황에서 당신은 어떻게 행동합니까?

_____

3. 타원 안에 동일한 유발요인을 쓰고, 유발요인 지도를 다시 작성해 보세요. 쓰기 전에 주위에서 들려오는 소리를 듣고, 앉아 있는 당신 몸의 압력을 느끼고, 바닥에 닿은 발의 감각을 느끼고, 손에 쥐고 있는 펜을 느껴 보세요. 일단 안정되었다고 느끼면, 손에 쥐고 있는 펜을 계속 느끼면서 쓰기 시작하세요. 잉크가 종이에 스며드는 것을 보고, 주위 소리에 귀를 기울이세요. 몇 분 동안 마음속에 떠오르는 생각은 무엇이든 적어 보세요.

심신 연결하기를 사용한 '유발요인' 지도

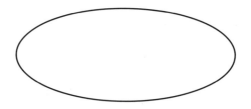

가. 당신은 이 지도와 이전 지도 사이에 어떤 차이점을 알아냈습니까?

_____

나. 동일성 시스템이 잠잠한 상태에서 유발요인에 노출되었을 때 당신은 어떻게 행동합니까?

_____

당신이 과활성화된 동일성 시스템의 징후(신체 긴장이나 트라우마에 대한 기억과 같은)를 알아차릴 때마다, 그것은 당신이 진정시켜야 할 더 많은 요구를 가지고 있다는 것을 의미합니다. 당신은 이전 지도에서 그것들 중 상당수를 찾아냈습니다. 당신이 이미 알고 있는 것처럼 당신이 어떤 유발요인에 대한 당신의 요구들을 일단 진정시키면, 당신은 동일성 시스템을 녹여 없애지 않고도 그 유발요인을 대할 수 있습니다.

1. 현재의 사건이 동일성 시스템을 유발시킬 때마다 당신의 감각에 집중하고 잠재된 요구를 찾으세요. 심신의 고통을 일으키지 않고 트라우마와 관련된 과거 유발요인들을 직면할 수 있도록 심신 연결하기 훈련의 도움을 받아 요구를 진정시킬 수 있습니다. 이제 당신은 정상적으로 기능할 것입니다. 당신의 경험을 기록하세요.

현재 유발요인	요구	과거 반응	현재 반응
헬리콥터 소리	헬리콥터가 내 집 주변을 날아다니면 안 된다.	가슴 답답함, 주먹에 힘이 들어감, 심장이 빠르게 뜀, 뛰쳐나가 피하고 싶은 충동	가벼운 놀람, 가슴이 약간 답답함, 직장으로 계속 걸어감

당신은 어떤 요구들을 진정시킬 수 있었습니까, 그리고 당신은 그것을 어떻게 진정시켰나요?

진정시켰던 요구	심신 연결하기 기술
헬리콥터가 내 집 주변을 날아다니면 안 된다.	손가락을 비비는 감각을 느끼고, 요구를 알아차렸다.

2. 유발요인 요구 지도를 작성해 보세요. 앞의 표에서 당신이 진정시킬 수 없었던 요구를 하나 선택하세요. 지도의 위쪽에 유발요인을 쓰고, 그것이 유발시키는 요구를 타원 안에 쓰세요. 그다음 타원 주위에 당신의 생각을 두루두루 쓰세요. 3~5분간 당신의 생각을 편집하지 말고 쓰세요. 지도 아래에 신체 긴장을 기술하세요.

유발요인 요구 지도

나의 유발요인은 _____

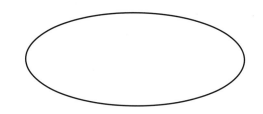

신체 긴장 : _____

가. 신체 긴장을 가장 많이 일으키는 항목 주위에 원(방울)을 그려서 당신의 지도에 방울을 만드세요. 몇 분 동안 원으로 둘러싸인 항목 주위에 당신의 생각을 두루두루 쓰세요. 문제가 되는 항목은 무엇이든 방울을 만드세요.

나. 당신의 요구를 기록하세요.

_____

다. 당신은 이런 상황에서 어떻게 행동합니까?

_____

3. 지도의 위쪽에는 동일한 유발요인을 쓰고, 타원 안에는 동일한 요구를 적어 유발요인 요구 지도를 다시 작성하세요. 쓰기 전에 주위에서 들려오는 소리를 듣고, 앉아 있는 당신 몸의 압력을 느끼고, 바닥에 닿은 발의 감각을 느끼고, 손에 쥐고 있는 펜을 느껴 보세요. 일단 안정되었다고 느끼면, 손에 쥐고 있는 펜을 계속 느끼면서 쓰기 시작하세요. 잉크가 종이에 스며드는 것을 보고, 주위 소리에 귀를 기울이세요. 몇 분 동안 마음속에 떠오르는 생각은 무엇이든 적어 보세요.

심신 연결하기를 사용한 '유발요인 요구' 지도

나의 유발요인은 _____

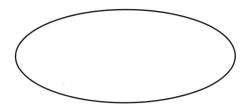

가. 이 지도를 이전의 지도와 비교해 보세요. 당신은 무엇을 알게 되었습니까?

_____

_____

나. 이 지도에서 유발요인은 같지만 당신의 심신 상태는 변했습니다. 만약 다시 그 유발요인이 일어 난다면 당신은 어떻게 대처할 것입니까?

_____

_____

　　사건이 아니라 당신의 충족되지 못한 요구가 고통을 일으킨다는 것이 이제 명확해졌습니다. 요구를 찾고 진정시키는 당신의 능력이 외상 후 스트레스 장애에서 회복하는 데 필수적입니다.

1. 현재의 사건이 동일성 시스템을 자극할 때마다 계속해서 당신의 감각에 집중하고 잠재된 요구를 찾으세요. 어떻게 되었습니까?

_____

_____

2. 트라우마 경험과 관련하여 하루 중 나타나는 문제 행동이나 증상들을 모두 기록해 보세요. (예 : 사람이나 상황을 피하기, 무감각, 술이나 약물 남용, 쉽게 화내기, 안절부절못하거나 우울한 기분, 집중할 수 없음, 혹은 대인관계 또는 직장이나 학교 문제가 있음) 현재 유발자극을 주는 사건은 무엇인가요? 당신의 요구와 트라우마 사건도 기록하세요.

문제가 되는 행동이나 증상	현재의 유발요인	요구	트라우마 사건
아내에게 소리를 질렀고, 그녀를 밀쳤다.	아내는 내가 이라크에 가기 전과 왜 다른지 물었다.	아내는 내게 그런 질문을 하면 안 된다.	이라크
하루 종일 멍한 느낌이다.	TV에서 낭만적인 영화를 보았다.	나는 낭만적인 장면을 보면 안 된다.	강간
술을 너무 많이 마셨다.	나쁜 기억들	나는 나쁜 기억을 가져서는 안 된다.	아동 학대

3. 앞의 표에서 당신이 진정시키기 어려웠던 요구에 대한 지도를 작성해 보세요. 지도의 위쪽에 그 유발사건을 쓰고 타원 안에 그 요구를 쓰세요. 타원 주위에 당신이 충족되지 못한 그 요구에 대해 생각할 때 떠오르는 어떤 생각이든 두루두루 적어 보세요. 당신의 생각을 편집하지 말고 3~5분 동안 쓰세요. 지도의 아래에 신체 긴장을 기술하세요.

요구 지도

나의 유발요인은 ＿＿＿＿＿＿＿＿＿＿＿＿＿＿＿＿＿＿＿＿＿＿＿＿＿＿＿＿＿＿＿

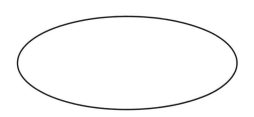

신체 긴장 : ＿＿＿＿＿＿＿＿＿＿＿＿＿＿＿＿＿＿＿＿＿＿＿＿＿＿＿＿＿＿＿

가. 당신이 찾은 다른 요구들을 기록하세요.

_____

_____

당신의 유발요인(헬리콥터 소리) 아래에 숨겨진 요구(헬리콥터가 내 집 위로 날아다니면 안 된다.)를 찾는 것이 처음에는 동일성 시스템을 잠재우지 못할 수도 있습니다. 하지만 당신이 계속해서 그렇게 한다면, 방울지도 작성하기는 '수송 헬리콥터는 톰이 죽기 전에 도착했어야 했다.'와 같은 숨겨진 요구를 당신에게 보여줄 것입니다. 지도 작성하기를 통해 당신의 요구를 명확하게 알게 되면 현재의 유발요인을 즉시 진정시키는 데 도움을 받을 수 있습니다.

나. 가장 심한 신체 긴장을 일으키는 항목에 방울을 만드세요. 문제가 되는 다른 요구들에 계속해서 방울을 만드세요.

다. 당신이 찾은 다른 요구들은 무엇입니까?

_____

_____

4. 지도의 위쪽에는 동일한 사건을 쓰고, 타원 안에는 동일한 요구를 적어 지도를 다시 작성하세요. 쓰기 전에 주위에서 들려오는 소리를 듣고, 앉아 있는 당신 몸의 압력을 느끼고, 바닥에 닿은 발의 감각을 느끼고, 손에 쥐고 있는 펜을 느껴 보세요. 일단 안정되었다고 느끼면, 손에 쥐고 있는 펜을 계속 느끼면서 쓰기 시작하세요. 잉크가 종이에 스며드는 것을 보고, 주위 소리에 귀를 기울이세요. 몇 분 동안 마음속에 떠오르는 생각은 무엇이든 적어 보세요.

심신 연결하기를 사용한 요구 지도

나의 유발요인은 _____

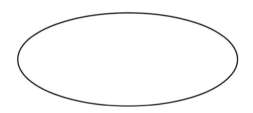

가. 이 지도는 이전의 지도와 어떻게 다릅니까?

_____

나. 이런 상태에서 당신은 어떻게 행동합니까?

_____

다. 오늘 과제의 시작 부분으로 돌아가서 당신의 요구 표를 살펴보세요. 종이 한 장에 당신이 아직도 진정시킬 수 없는 요구들에 대한 지도를 작성하세요. 당신이 배웠던 모든 심신 연결하기 기술을 사용해서 지도를 작성하세요.

1. 괴로운 경험은 종종 두려운 생각과 관련이 있습니다. 하루 동안 당신이 어떤 사건에 두려움을 느꼈
   는지 알아보세요. 각각에 대한 잠재된 요구를 찾아보세요.

사건	두려움	요구
아내가 나에게 화가 났다.	아내가 나를 버릴 것이다.	아내는 화를 내면 안 된다. 아내가 나를 버리면 안 된다.
악몽	나는 결코 잘 되지 않을 것이다. 나는 미쳤다.	나는 악몽을 꾸면 안 된다. 나는 잘 되어야 한다. 나는 미쳐서는 안 된다.

2. 당신의 인생에서 가장 큰 세 가지 두려움을 적으세요. 각각에 대해 잠재된 요구들을 찾아 적어 보
   세요.

가. _____

_____

나. _____

_____

다. _____

_____

3. 타원 안에 당신의 가장 큰 두려움을 쓰고 두려움 지도를 작성해 보세요. 3~5분 동안 타원 주위에 당신의 생각을 편집하지 말고 두루두루 적으세요. 지도의 아래에 신체 긴장에 대해 쓰세요.

두려움 지도

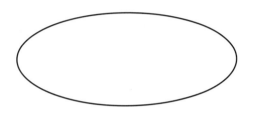

신체 긴장 : _____

가. 신체 긴장을 가장 많이 일으키는 항목 주위에 원(방울)을 그려서 당신의 지도에 방울을 만드세요. 몇 분 동안 원으로 둘러싸인 항목 주위에 당신의 생각을 두루두루 쓰세요. 문제가 되는 항목은 무엇이든 방울을 만드세요.

나. 당신의 이야기줄기를 적으세요.

_____

다. 당신의 요구를 적으세요.

_____

　　두려움은 있을 수 있는 위험을 당신에게 알려주는 정상적인 기능에서 나오는 감정입니다. 동일성 시스템이 당신의 두려움을 포착할 때, 그것은 당신을 마비시키고 두려움의 희생양으로 만들어 당신이 대처할 수 없다고 믿게 합니다. 두려움과 맞서 싸우는 것은 도움이 안 됩니다. 두려움에 두 부분, 즉 생각과 신체 감각이 있다고 생각하는 것이 도움이 됩니다.

4. 타원 안에 동일한 두려움을 쓰고 이 지도를 다시 작성해 보세요. 쓰기 전에 주위에서 들려오는 소리를 듣고, 앉아 있는 당신 몸의 압력을 느끼고, 바닥에 닿은 발의 감각을 느끼고, 손에 쥐고 있는 펜을 느껴 보세요. 일단 안정되었다고 느끼면, 손에 쥐고 있는 펜을 계속 느끼면서 쓰기 시작하세요. 잉크가 종이에 스며드는 것을 보고, 주위 소리에 귀를 기울이세요. 몇 분 동안 마음속에 떠오르는 생각은 무엇이든 적어 보세요.

심신 연결하기를 사용한 두려움 지도

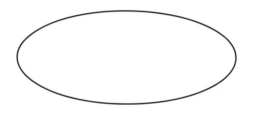

가. 이 지도에서 당신의 심신 상태는 앞의 지도와 비교해서 어떻습니까?

_____

나. 이런 상태에서 당신은 어떻게 다르게 행동하겠습니까?

_____

다. 다음에 그 상황이 다시 발생할 때, 이전의 지도에 있는 당신의 요구를 진정시킬 수 있다고 생각합니까? 예 _____ 아니요 _____

　심신 연결하기에서 대담해진다는 것은 당신에게 두려움이 없다는 것을 의미하지는 않습니다. 대담해지는 것은 두려움의 아래에 있는 요구를 진정시켜 동일성 시스템이 두려움을 붙잡아 그 상황을 다루는 당신의 능력을 제한하는 것을 막는 것입니다. 당신이 두려운 상황에 반응하기보다는 요구를 진정시킬 때, 당신은 정상적으로 기능하는 당신의 참자기의 영향하에서 그 상황을 다루게 됩니다.

1. 당신이 두려움을 느끼거나, 제약되거나, 너무 많이 생각해서 헤어나오지 못하게 되는 다섯 가지 상황을 적어 보세요. 각 사건의 배후에 있는 요구를 찾아보세요

상황	두려움, 제약, 생각	요구
크리스마스 쇼핑	사람들이 붐비는 가게에 들어갈 수 없다.	나는 붐비는 가게에 들어갈 수 있어야 한다.
직업 변경	결정할 수 없다.	나는 결정을 내려야 한다.
진정되지 않고, 안절부절못함	나는 다시는 정상으로 돌아가지 못할 것이다.	나는 정상이어야 하고 진정되어야 한다.

　　당신을 두렵게 하는 상황을 다루기 위한 첫 번째 단계는 과활성화된 동일성 시스템(예 : 어깨가 뻐근하거나 속이 더부룩함)의 조기 징후를 알아차리는 것입니다. 그다음 당신이 가장 좋아하는 심신 자각 기술(예 : 주위의 소리를 듣거나 손가락을 서로 비비는 것)을 사용하고, 당신의 요구를 찾는 것입니다.

　　요구를 진정시키기 위해 당신을 힘들게 하는 것은 상황(또는 두려움)이 아니라, 당신의 동일성 시스템이라는 것을 알아야 합니다. 만약 당신이 다루고 있는 요구를 진정시키기 어렵다면, 당신이 아직 찾지 못했지만 관련이 있는 다른 요구가 있을지도 모릅니다. 다음과 같이 지도를 만드는 것이 도움이 됩니다.

2. 당신이 두려움을 느끼고, 제약되고, 너무 많이 생각해서 헤어나오지 못하게 되는 상황을 지도로 만드세요. 타원 안에 그 상황(예 : 나는 이런 관계에 대한 결정을 내려야 해.)을 쓰세요. 타원 주위에 3~5분간 당신의 생각을 편집하지 말고 두루두루 적어 보세요. 지도 아래에는 신체 긴장에 대해 쓰세요.

두려움, 제약, 혹은 너무 많은 생각 지도

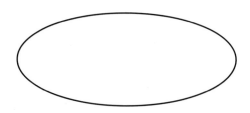

신체 긴장 : _____

가. 당신의 이야기줄기는 무엇입니까?

_____

나. 당신의 잠재된 요구는 무엇입니까?

_____

다. 만약 당신이 아직도 지도 위의 어떤 것에 대해 안정되지 못했다면, 신체 긴장을 가장 많이 일으키는 항목 주위에 원(방울)을 그려서 당신의 지도에 방울을 만드세요. 몇 분 동안 원으로 둘러싸인 항목 주위에 당신의 생각을 두루두루 쓰세요. 문제가 되는 항목은 무엇이든 방울을 만드세요.

3. 타원 안에 동일한 상황을 쓰고 앞의 지도를 다시 작성하세요. 쓰기 전에 주위에서 들려오는 소리를 듣고, 앉아 있는 당신 몸의 압력을 느끼고, 바닥에 닿은 발의 감각을 느끼고, 손에 쥐고 있는 펜을 느껴 보세요. 일단 안정되었다고 느끼면, 손에 쥐고 있는 펜을 계속 느끼면서 쓰기 시작하세요. 잉크가 종이에 스며드는 것을 보고, 주위 소리에 귀를 기울이세요. 몇 분 동안 마음속에 떠오르는 생각은 무엇이든 적어 보세요.

심신 연결하기를 사용한 '두려움, 제약, 혹은 너무 많은 생각' 지도

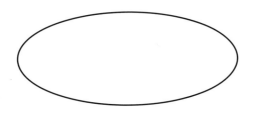

가. 앞의 지도와 비교해서 이 지도에서 당신의 심신 상태는 어떻습니까?

_____

나. 이런 상태에서 당신은 어떻게 다르게 행동하겠습니까?

_____

다. 미래의 상황에서 요구를 찾고 진정시키기 위해 당신은 어떤 면에서 준비가 되어 있습니까?

_____

1. 오늘은 당신의 감각에 집중해 보세요. 현재의 사건이 동일성 시스템을 자극할 때마다 당신의 요구를 찾아 진정시켜 보세요.

　가. 어떻게 되었습니까?

　_____

　_____

　나. 당신이 진정시킨 요구들을 적어 보세요.

　_____

　_____

　다. 아직까지 당신이 진정시킬 수 없는 요구들을 적어 보세요.

　_____

　_____

　라. 동일성 시스템으로부터 자유롭지 못했던 당신의 일상 활동을 적고, 각각에 대한 잠재된 요구를 적어 보세요.

활동	요구
친밀한 관계 만들기	나에게는 친밀한 관계가 있어야만 해.
술을 너무 많이 마심	나는 술을 끊을 수 있어야 해. 내가 원할 때는 언제나 술을 마실 수 있어야 해.
데니스와 함께 있기 힘듦	나는 데니스와 함께 있을 수 있어야 해.

2. 아직 자유로워지지 못한 당신의 일상적 활동(예 : 친한 관계 만들 수 있기) 중 하나에 대한 지도를 작성해 보세요. 타원 안에 진정시켜야 하는 요구(예 : 나는 친밀한 관계를 만들어야만 한다.)를 쓰세요. 3~5분간 당신의 생각을 편집하지 말고 타원 주위에 두루두루 쓰세요. 지도 아래에 신체 긴장에 대해 쓰세요.

진정시키기 어려운 요구 지도

자유로워질 필요가 있는 일상 활동 : _____

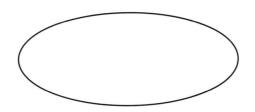

신체 긴장 : _____

가. 문제를 지속시키는 이야기줄기를 적어 보세요.

_____

나. 당신이 찾을 수 있는 더 많은 잠재된 요구들을 적어 보세요.

_____

다. 신체 긴장을 많이 일으키는 항목 주위에 원을 그리고, 그 주위에 더 많은 생각들을 두루두루 적어서 지도에 방울을 만들어 보세요. 더 많은 이야기줄기와 요구들을 알아냈습니까? 뭔가를 해야한다고 스스로를 압박하는 것이 당신의 수선공을 활성화시키지만, 당신이 요구를 진정시킬 때당신의 정상적인 기능이 당신을 이끌어 줄 것입니다.

3. 지도의 위쪽에는 동일한 활동을 쓰고, 타원 안에는 동일한 요구를 적어 지도를 다시 작성하세요. 쓰기 전에 주위에서 들려오는 소리를 듣고, 앉아 있는 당신 몸의 압력을 느끼고, 바닥에 닿은 발의 감각을 느끼고, 손에 쥐고 있는 펜을 느껴 보세요. 일단 안정되었다고 느끼면, 손에 쥐고 있는 펜을 계속 느끼면서 쓰기 시작하세요. 잉크가 종이에 스며드는 것을 보고, 주위 소리에 귀를 기울이세요. 몇 분 동안 마음속에 떠오르는 생각은 무엇이든 적어 보세요.

> **심신 연결하기를 사용한 '진정시키기 어려운 요구' 지도**

자유로워질 필요가 있는 일상 활동 : _____

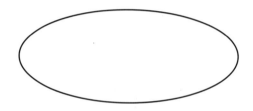

가. 앞의 지도와 비교해서 이 지도에서 당신의 심신 상태는 어떻습니까?

_____

나. 이런 상태에서 당신은 어떻게 다르게 행동하겠습니까?

_____

다. 정상적으로 기능하는 참자기가 당신을 어떻게 이끄는지 쓰세요.

_____

1. 하루 동안 당신의 생활 속에서 모든 심신 연결하기 기술을 사용하세요. 유발사건, 두려움, 제약, 지나치게 많은 생각, 그리고 그것들과 함께 나타나는 신체 긴장과 정신적 혼란 등을 알아보세요. 당신이 요구와 이야기줄기를 찾아내면 심신 자각 기술과 생각에 이름붙이기를 사용하세요. 진정시키기 어려운 요구가 있으면, 당신의 진전을 가로막는 더 많은 요구들을 찾기 위해 지도를 작성하세요. 필요하다면 그 지도에 방울을 만드세요.

    가. 어떻게 되었습니까?

    _____

    _____

    _____

    _____

    _____

    _____

    _____

    _____

    _____

    _____

    _____

    _____

    _____

    _____

    _____

    나. 당신이 과거 트라우마의 희생양이 아닌 것을 알고 있습니까? 예 _____ 아니요 _____

    　　당신이 동일성 시스템과 친구가 될 때, 당신의 몸과 마음 그리고 영혼은 자연스럽게 치유됩니다.

2. 마음의 평화 지도를 작성해 보세요. 무엇이 당신에게 마음의 평화를 가져다줄지 생각해 보세요. 몇 분 후 타원 주위에 당신의 생각을 쓰세요(예 : 좋은 직업, 건강한 가족, 타인의 일에 간섭하지 않는 이웃들). 천천히 그리고 구체적으로 써보세요.

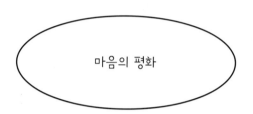

가. 각 항목에 대해 그것이 실현될 수 없다는 사실을 당신이 알게 되었을 때, 당신이 느끼게 되는 신체 긴장을 평가해 보세요. 다음 척도를 사용하세요. 0 없음, + 약함, ++ 보통, +++ 심함

나. 무엇을 알게 되었습니까?

_____

_____

    당신이 알다시피, 플러스 표시가 된 항목은 당신의 요구입니다. 동일성 시스템은 당신의 요구가 충족되면 마음의 평화가 올 것이라는 잘못된 믿음을 불어넣습니다. 마음의 평화를 찾기 위해 그것을 분석할 필요는 없습니다. 만약 당신이 그렇게 한다면, 그것은 동일성 시스템에 이끌린 것입니다. 진정한 마음의 평화는 당신의 잠재된 요구들을 찾아 진정시킨 다음에 옵니다. 오직 그런 다음에야 당신에게 항상 내재되어 있는 치유, 선함, 아름다움, 힘, 그리고 지혜의 원천을 경험할 수 있습니다.

다. 진정한 마음의 평화는 동일성 시스템이 안정될 때 온다는 것을 이해합니까?

    예 _____ 아니요 _____

심신 연결하기 주간 평가 척도
트라우마 다루기 : 유발요인과 두려움

날짜 : _____

지난 한 주 동안 훈련이 어땠나요? 당신에게 가장 잘 맞는 곳에 체크(✓)하세요.

얼마나 자주……	거의 없음	가끔	보통	거의 항상
신체 긴장, 손상된 기능, 그리고 트라우마 기억들이 과활성화된 동일성 시스템의 징후라는 사실을 인식했습니까?	___	___	___	___
유발요인이 요구를 충족시키지 못했기 때문에 속상해진다는 사실을 알아냈습니까?	___	___	___	___
유발요인 아래에 있는 요구들을 찾았습니까?	___	___	___	___
요구를 곧바로 진정시켰습니까?	___	___	___	___
당신이 트라우마를 떠올리게 되는 상황에서 재현이나 강한 감정적 반응이 줄었습니까?	___	___	___	___
편안하고 제약을 덜 받는다고 느꼈습니까?	___	___	___	___
당신 주변의 세상에 더 많은 관심을 기울이고, 더 이상 전처럼 많은 상황을 피할 필요가 없어졌다는 것을 발견했습니까?	___	___	___	___
동일성 시스템을 잠재움으로써 당신이 트라우마에서 치유되고 있다는 것을 깨달았습니까?	___	___	___	___

트라우마에 대한 기억을 상기시켜서 당신을 속상하게 만들곤 했지만 지금은 잘 다룰 수 있는 세 가지 상황을 적어 보세요.

_____

위 상황과 관련된 요구 중 당신이 진정시킨 것들을 적어 보세요.

_____

동일성 시스템을 더 이상 활성화시키지 않는 트라우마 기억 세 가지를 적어 보세요.

_____

제9장

이차 상처를 치유하고 마음의
평화를 갖고 미래를 맞이하라

탐험가는 나침반을 몸에서 떼어 놓는 법이 없습니다. 나침반의 정보가 길을 잃지 않게 해주기 때문입니다. 동일성 시스템은 당신이 경로를 벗어났을 때, 신체 긴장과 복잡한 마음이라는 경고 신호를 통해 당신에게 알려주는 평생의 나침반입니다. 자신을 치유하고 최상의 삶을 살아가기 위해서는 이러한 정보를 사용할 수 있는 능력이 매우 중요합니다.

동일성 시스템은 매우 활동적인 시스템입니다. 만약 당신이 요구를 명백하게 규명하기 전에 심신 자각 훈련을 사용하여 동일성 시스템을 진정시킨다면 요구는 머지않아 동일성 시스템을 활성화시킬 것이고, 스스로 치유할 수 있는 당신의 능력을 제한할 것입니다. 이것을 깨닫는 것이 매우 중요합니다.

이번 장에서는 당신의 숨겨진 요구를 발견하기 위해 상급 기술인 최대한 빠르게 하는 지도 작성하기 훈련을 소개할 것입니다. 우리는 이것을 강력한 지도 작성하기(power mapping)라고 부릅니다. 이 자유연상 기술은 문제, 상황, 사건 또는 사람에 관한 요구에 대해 자각을 빠르게 확장시킵니다. 심신 자각 훈련을 사용하지 말고 계속해서 지도를 작성하면서 과활성화된 동일성 시스템이 작동하는 것을 지켜보기만 하세요. 당신이 강력한 지도 작성하기를 할 때, 동일성 시스템은 마음껏 날뛸 것이지만, 여전히 당신의 참자기가 운전석에 앉아 있습니다.

이 장에서 당신은 이차 상처(secondary wounding) 경험을 지도로 만들 것입니다. 어떤 사람이 당신의 트라우마 경험과 관련된 말이나 행동을 함으로써 당신에게 상처를 줄 때 그것이 이차적인 상처가 되는 것입니다. 당신은 미래를 두려워할 필요가 없다는 것과 이차 상처가 당신의 적이 아니라는 것을 알게 될 것입니다. 과활성화된 동일성 시스템의 미신, 한계, 잘못된 자기신념의 실체가 드러나게 하기 위해 당신은 심신 연결하기 기술을 계속 사용할 것입니다. 동일성 시스템을 진정시키고 친구가 되는 능력이 당신의 성장에 꼭 필요합니다. 당신이 마음의 평화와 미래에 대한 행복감을 느낄 수 있도록 지금부터 작업을 시작해 봅시다.

1. 하루 동안 누군가가 당신의 트라우마 사건과 관련해 당신에게 고통을 주는 말이나 행동을 할 때를 기록하세요. 이 표를 완성하세요.

상황	몸의 긴장	요구	당신의 반응
"우리 집안에 이런 나쁜 일이 왜 너한테만 생기니?"라고 엄마가 물었다.	가슴 답답함, 머리가 묵직함	엄마는 내가 강간당했다는 것을 더 잘 이해해 주어야 한다.	몸 둘 바를 모르겠다. 어머니로부터 벗어나고 싶다.

2. 앞의 표에서 가장 최근에 있었던 고통스러운 이차 상처 경험을 지도로 작성해 보세요. 타원 안에 그 경험을 간단히 쓰세요. 그러고 나서 타원 주위에 마음에 떠오르는 것은 무엇이든 쓰세요. 3~5분 동안 하세요. 트라우마 사건과 직접적으로 관련이 있든지 없든지 간에, 이러한 발전된 단계의 연습은 당신의 생각과 느낌이 자유롭게 흘러가도록 돕습니다. 당신의 생각을 편집하지 마세요. 마치고 난 후 지도의 아래에 신체 긴장을 적으세요.

이차 상처 경험 지도

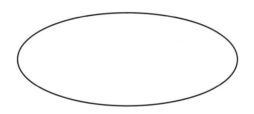

신체 긴장 : _____

가. 동일성 시스템을 자극하는 사건에 대해 당신이 찾아낸 요구들의 목록을 만드세요.

나. 신체 긴장을 가장 많이 일으키는 항목 주위에 원(방울)을 그려서 당신의 지도에 방울을 만드세요. 몇 분 동안 원으로 둘러싸인 항목 주위에 당신의 생각을 두루두루 쓰세요. 문제가 되는 항목은 무엇이든 방울을 만드세요. 당신이 더 많은 요구들을 찾을 때마다 그것들을 '가'의 목록에 추가하세요.

다. 이런 심신 상태에서 당신은 어떻게 행동합니까?

---

3. 타원 안에 동일한 이차 상처 경험을 적고 지도를 다시 작성하세요. 쓰기 전에 주위에서 들려오는 소리를 듣고, 앉아 있는 당신 몸의 압력을 느끼고, 바닥에 닿은 발의 감각을 느끼고, 손에 쥐고 있는 펜을 느껴 보세요. 일단 안정되었다고 느끼면, 손에 쥐고 있는 펜을 계속 느끼면서 마음속에 떠오르는 생각들은 무엇이든 쓰세요. 잉크가 종이에 스며드는 것을 보고, 주위 소리에 계속해서 귀를 기울이세요.

심신 연결하기를 사용한 '이차 상처 경험' 지도

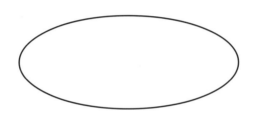

가. 두 지도를 비교해 보세요. 무엇을 알게 되었나요?

_____

나. 당신의 생각들이 더 명료해집니까? 예 _____ 아니요 _____

다. 이런 상태에서 당신은 어떻게 행동하나요?

_____

라. 당신은 이전의 지도에서 발견한 요구들을 진정시킬 준비가 되었나요? 예 _____ 아니요 _____

　　　이 지도를 통해 당신의 행복감과 마음의 평화는 다른 사람들의 말이나 행동에 좌우되지 않으며, 또한 당신이 겪었거나 경험하지 못했던 것에 의해 좌우되지도 않는다는 것을 직접 보았습니다.

하루 동안 다른 사람들의 행동이 당신을 화나게 할 때를 주목하세요.

1. 사람들이 당신이 원하는 대로 행동하지 않았을 때, 당신은 신체 긴장이나 복잡한 마음을 알아차렸습니까?

_____

_____

_____

2. 그 사람들에 대해 당신이 가진 요구가 무엇인지 찾아보세요.

_____

_____

_____

　　당신에게 여전히 고통을 주는 어떤 사람의 행동에 대해서는 그 행동(예 : 그는 나를 무시한다.)을 더 작은 행동들(예 : 그녀는 머리를 치켜든다, 그녀의 눈빛, 경멸하는 듯한 어투, 이라크 전쟁에 대해 항상 자기 의견을 내세우는 자세)로 쪼개세요. 더 작은 행동들에 연관된 요구를 진정시키는 것이 더 큰 요구를 진정시키는 것에 도움을 줄 것입니다.

3. 당신의 요구가 무엇인지 알게 되었을 때, 시간을 내어 감각 속으로 빠져 들어가 보세요. 당신의 요구는 어떻게 됩니까?

_____

_____

_____

_____

4. 최근에 있었던 다른 고통스러운 이차 상처 경험을 지도로 만드세요. 타원 안에 그 경험을 간단히 쓰세요. 타원 주위에는 마음에 떠오르는 것을 무엇이든 쓰세요. 3~5분 동안 하세요. 트라우마 사건과 직접적으로 관련이 있든지 없든지 간에, 이러한 발전된 단계의 연습은 당신의 생각과 느낌이 자유롭게 흘러가도록 돕습니다. 당신의 생각을 편집하지 마세요. 마치고 난 후 지도의 아래에 신체 긴장을 적으세요.

이차 상처 경험 지도

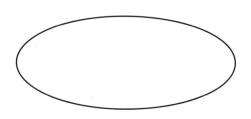

신체 긴장 : _____

가. 동일성 시스템을 유발하는 사건에 대해 당신이 찾아낸 요구를 적으세요.

_____

나. 만약 신체 긴장을 일으키는 생각이 안정되지 않으면 그 생각 주위에 방울을 그리면서 방울 지도를 만드세요. 몇 분 동안 원으로 둘러싸인 항목 주위에 당신의 생각을 두루두루 쓰세요. 문제가 되는 항목은 무엇이든 방울을 만드세요. 당신이 더 많은 요구를 찾을 때마다 그것들을 '가'의 목록에 추가하세요.

다. 이런 심신 상태에서 당신은 어떻게 행동합니까?

_____

5. 타원 안에 동일한 이차 상처 경험을 적고 지도를 다시 작성하세요. 쓰기 전에 주위에서 들려오는 소리를 듣고, 앉아 있는 당신 몸의 압력을 느끼고, 바닥에 닿은 발의 감각을 느끼고, 손에 쥐고 있는 펜을 느껴 보세요. 일단 안정되었다고 느끼면, 손에 쥐고 있는 펜을 계속 느끼면서 마음속에 떠오르는 생각들을 무엇이든지 쓰기 시작하세요. 잉크가 종이에 스며드는 것을 보고, 주위 소리에 계속해서 귀를 기울이세요.

심신 연결하기를 사용한 '이차 상처 경험' 지도

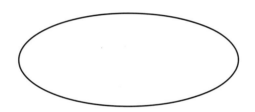

가. 두 지도를 비교해 보세요. 무엇을 알게 되었나요?

_____

나. 당신의 생각들이 더 명료합니까? 예 _____ 아니요 _____

다. 당신은 이전의 지도에서 해결하지 못한 추가 요구들을 진정시킬 준비가 되었나요?

　　예 _____ 아니요 _____

라. 이런 상태에서 당신은 어떻게 행동하나요?

_____

당신의 삶에서 모든 심신 연결하기 훈련을 사용하세요. 그리고 당신의 행동이 어떻게 변하는지 주목하세요. 요구를 진정시키는 데 있어 당신이 얼마나 발전하였는지 볼 수 있게 이 표를 작성하세요.

현재 사건	요구	과거 반응	현재 반응
"이라크에서 몇 명이나 죽였나?"라고 어떤 남자가 물었다.	사람들은 나에게 이라크에 대해 물어보면 안 된다.	턱이 긴장되고, 얼굴이 붉게 달아오른다. 주먹으로 그를 때려 주고 싶다.	당황스러움. 침착함 그가 무감각한 것은 유감스러운 일이다.
직장에서 그들이 나에게 섹시하다고 말했다.	사람들은 나에게 섹시하다고 말하지 말아야 한다.	어깨에 힘이 들어가고, 가슴이 답답하고, 당혹스럽고, 자신이 부끄럽다.	조금 긴장. 위축되지 않고, 계속 일함

1. 앞의 표에서 당신이 아직 진정시킬 수 없었던 요구를 선택하세요. 그것을 타원 안에 적으세요. 그런 다음 3~5분간 타원 주위에 당신의 생각들을 편집하지 말고 간단히 적으세요. 지도의 아래에 신체 긴장을 기록하세요.

진정시키기 어려운 요구 지도

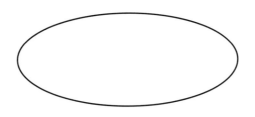

신체 긴장 : _____

    가. 지도를 보세요. 과활성화된 동일성 시스템의 신호를 적으세요.

_____

    나. 당신의 요구를 적으세요.

_____

    다. 더 많은 요구를 찾기 위해 위의 지도에 있는 문제가 되는 생각들(많은 신체 긴장과 함께 오는 것들)을 방울 지도로 만드세요. 그것들을 열거하세요.

_____

2. 타원 안에 동일한 요구를 적고 지도를 다시 작성하세요. 쓰기 전에 주위에서 들려오는 소리를 듣고, 앉아 있는 당신 몸의 압력을 느끼고, 바닥에 닿은 발의 감각을 느끼고, 손에 쥐고 있는 펜을 느껴 보세요. 일단 안정되었다고 느끼면, 손에 쥐고 있는 펜을 계속 느끼면서 마음속에 떠오르는 생각들을 무엇이든지 쓰기 시작하세요. 잉크가 종이에 스며드는 것을 보고, 주위 소리에 계속해서 귀를 기울이세요.

심신 연결하기를 사용한 '진정시키기 어려운 요구' 지도

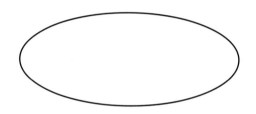

가. 이 지도는 같은 주제로 그렸던 이전의 지도와 같은가요, 아니면 다른가요?

_____

나. 동일성 시스템이 잠잠할 때 당신은 어떻게 다르게 행동했습니까?

_____

다. 이전 지도의 요구를 진정시킬 준비가 되었습니까? 예 _____ 아니요 _____

라. 이번 지도는 당신의 삶에 어떤 영향을 미칠까요?

_____

3. 강력한 지도 작성하기는 심신 연결하기 훈련을 자신의 삶에 사용하는 데 성공한 사람들만을 위한 것입니다. 예컨대 사라지지 않고 계속되는 트라우마 또는 중독의 문제가 있을 때처럼 당신의 과활성화된 동일성 시스템을 다루기 어려울 때, 강력한 지도 작성하기를 사용하세요.

   가. 강력한 지도 작성하기를 하려면 펜과 종이를 가지고 앉으세요. 종이 가운데에 당신을 가장 괴롭히는 문제 상황(예 : 우울하다, 돈이 없다, 더 이상 버틸 수가 없다.)을 쓰세요. 문제 상황 주위에 타원을 그리세요. 타원 주위에 마음에 떠오르는 것이 무엇이든지 간에 빠르게 적으세요. 생각들과 신체 긴장을 간략하게 적을 때 동일성 시스템이 마음대로 작동하게 놔두세요. 심신 자각 훈련을 사용하거나 문제 상황을 해결하려고 하지 마세요. 단지 과활성화된 동일성 시스템이 작동하는 것을 지켜보세요.

   나. 이제 지도에서 당신을 가장 괴롭히는 생각을 정해서 다른 종이에 타원을 그리고 그 안에 쓰세요. 당신을 가장 괴롭히는 생각을 지도에서 골라서 그것으로 다음 지도의 주제로 만드세요. 동일성 시스템이 당신을 숨겨진 요구로 이끌 때까지 충분한 시간을 두고 계속 지도를 그리세요.

   강력한 지도 작성하기를 할 때 당신의 참자기는 과활성화된 동일성 시스템의 요구를 따르지 않고 당신의 손상된 자아의 압력, 충동, 불쾌한 신체 감각을 더 자각함으로써 힘과 능력을 얻습니다.

4. 오늘 밤 집에서 아직도 당신을 괴롭히는 가장 어려운 문제에 대해 강력한 지도 작성하기를 하세요. 어떠셨나요?

이러한 상급의 지도 작성하기 훈련은 동일성 시스템이 과열될 때조차도 당신이 통제 상태를 유지할 수 있게 해준다는 것을 직접 보여줍니다. 강력한 지도 작성하기에서 배운 것을 당신의 삶에 사용한다면, 과활성화된 동일성 시스템의 요구에 굴복하지 않아도 됩니다. 당신은 마침내 자신의 미래를 책임지는 사람이 될 수 있습니다.

다음 지도는 다소 어려울 수 있지만, 미래에 어떤 일이 닥친다 해도 당신이 맞설 수 있는 힘을 가지고 있다는 것을 당신에게 보여줄 것입니다.

1. 질병, 노년, 죽음 지도를 작성하세요. 당신의 생각을 3~5분간 타원 주위에 두루두루 적으세요. 당신의 생각을 편집하지 말고 동일성 시스템이 마음껏 날뛰도록 놔두세요. 지도의 아랫부분에 신체 긴장을 기술하세요.

질병, 노년, 죽음

신체 긴장 : _____

    가. 당신의 심신 상태는 어떻습니까?

_____

    나. 당신의 우울유발제, 수선공, 요구와 이야기줄기는 무엇입니까?

_____

    다. 이런 상태에서 당신의 삶은 어떨 것 같습니까?

_____

2. 이 지도를 다시 작성하세요. 쓰기 전에 심신 자각 훈련을 사용하세요. 주위에서 들려오는 소리를 듣고, 앉아 있는 당신 몸의 압력을 느끼고, 바닥에 닿은 발의 감각을 느끼고, 손에 쥐고 있는 펜을 느껴보세요. 일단 안정되었다고 느끼면, 손에 쥐고 있는 펜을 계속 느끼면서 마음속에 떠오르는 생각들을 무엇이든 쓰기 시작하세요. 잉크가 종이에 스며드는 것을 보고, 주위 소리에 계속해서 귀를 기울이세요.

심신 연결하기를 사용한
질병, 노년, 죽음

가. 이 지도는 이전 지도와 어떻게 다른가요?

_____

나. 이런 상태에서 당신의 삶은 어떨 것 같습니까?

_____

다. 미래에 대한 당신의 과활성화된 동일성 시스템의 부정적인 이야기줄기가 당신이 지금 현재에서 온전히 살아가는 것을 어떻게 방해하는지를 알아차렸나요? 예 _____ 아니요 _____

3. 첫 번째 지도 위의 생각들이 아직도 당신을 괴롭힌다면(예 : 만일 내가 죽으면 아이들은 어떻게 될까?) 같은 주제로 다른 지도를 작성하세요. 지도 위에 생각을 쓰세요. 그리고 마음속에 떠오르는 생각들을 간단히 메모하세요. 지도의 아랫부분에 신체 긴장을 추가하세요.

나의 골칫거리 생각은 _____ 이다.

가. 위의 지도에서 과활성화된 동일성 시스템의 증상을 적으세요.

_____

나. 당신의 요구와 이야기줄기는 무엇입니까?

_____

다. 더 많은 요구를 찾기 위해 신체 긴장을 일으키는 항목 주위에 원을 그려서 당신의 지도에 방울을 만드세요. 몇 분 동안 원으로 둘러싸인 항목 주위에 당신의 생각을 두루두루 쓰세요. 문제가 되는 항목은 무엇이든 방울을 만드세요. 더 많은 요구를 발견할 때마다 그것들을 '나'의 목록에 추가하세요.

4. 지도의 맨 위에 동일한 생각들을 적고 지도를 다시 작성하세요. 쓰기 전에 심신 자각 훈련을 사용하세요. 주위에서 들려오는 소리를 듣고, 앉아 있는 당신 몸의 압력을 느끼고, 바닥에 닿은 발의 감각을 느끼고, 손에 쥐고 있는 펜을 느껴 보세요. 일단 안정되었다고 느끼면, 손에 쥐고 있는 펜을 계속 느끼면서 마음속에 떠오르는 생각들을 무엇이든지 쓰기 시작하세요. 잉크가 종이에 스며드는 것을 보고, 주위 소리에 계속해서 귀를 기울이세요.

나의 골칫거리 생각은 _____ 이다.

가. 이 지도는 같은 주제에 대한 이전 지도와 어떻게 다른가요?

_____

나. 당신의 요구들이 실시간으로 나타날 때, 당신은 이제 그것들을 진정시키고 현재의 삶을 살 수 있습니까?

_____

　　최상의 날뿐만 아니라 최악의 날에도 유효하게 적용되기 때문에 심신 연결하기는 암환자에게 많이 사용되어 왔습니다. 암환자들은 동일성 시스템을 안정시킬 때 그들의 삶에서 내적인 힘과 지혜의 원천에 항상 접근할 수 있다는 것을 알게 되었습니다.

1. 하루 동안 당신 자신을 실망스럽게 느낄 때에 주목하세요. 당신의 신체 긴장과 우울유발제, 수선공, 요구들에 주목하세요.

_____

_____

_____

_____

_____

_____

_____

2. 나의 다섯 가지 가장 중요한 성품 지도를 작성하세요. 당신의 가장 중요한 성품(예 : 신뢰할 수 있는, 부지런히 일하는, 또는 정다운)을 적으세요. 각 성품에 대해 한두 단어면 충분합니다. 이러한 성품에 대해 몇 분쯤 생각해 보세요.

나의 다섯 가지 가장 중요한 성품 지도

_____

_____

_____

_____

_____

_____

가. 당신의 목록을 보고, 당신에게 가장 덜 중요한 성품에 줄을 그어 지우세요. 첫 번째 성품이 없는 당신 자신을 상상하면 어떤 반응이 생깁니까?

_____

_____

나. 당신에게 다음으로 덜 중요한 성품에 줄을 그어 지우세요. 두 번째 성품이 없는 당신 자신을 상상하면 어떤 반응이 생깁니까?

_____

_____

다. 다시 당신에게 다음으로 덜 중요한 성품에 줄을 그어 지우세요. 세 번째 성품이 없는 당신 자신을 상상하면 어떤 반응이 생깁니까?

_____

_____

라. 마지막 남은 두 개의 성품 중에서 덜 중요한 것을 선택해서 줄을 그어 지우세요. 끝에서 두 번째에 있는 성품을 지울 때 당신의 반응은 무엇입니까?

_____

_____

마. 마지막으로 남은 성품에 대해 생각하세요. 그것에 줄을 그어 지우세요. 지금 당신의 경험은 어떠합니까?

_____

_____

이렇게 정상적으로 기능하는 성품들을 줄을 그어 지우는 것이 얼마나 어려운가 하는 것은 동일성 시스템이 당신을 얼마나 강하게 제한하고 있는지를 보여줍니다. 동일성 시스템은 당신의 목표를 사로잡아 요구로 바꿉니다. 이것은 마치 그러한 요구를 만족시켜야만 당신이 선한 사람이 된다는 식입니다. 당신의 성품들을 줄을 그어 지워 나갈 때 당신이 보이는 반응은 동일성 시스템이 얼마나 강하게 당신을 마치 정형화된 성품들의 묶음으로 규정지으려고 하는지 보여줍니다. 고요한 동일성 시스템을 갖게 되면 당신의 참자기는 자신을 바라보는 고정된 시각 안에 더 이상 갇혀 있지 않게 됩니다.

1. 과거, 현재, 미래 지도를 작성하세요. 이 지도의 '과거' 부분에 당신의 과거에 대해 마음속에 떠오르는 것을 무엇이든지 2~3분간 간략하게 쓰세요. 신체 긴장을 기술하세요. 그 다음지도의 '미래' 부분에 당신의 미래에 대해 마음속에 떠오르는 것은 무엇이든 2~3분간 간략하게 쓰세요. 신체 긴장을 기술하세요. 마지막으로 지도의 '현재' 부분에 당신의 현재에 대해 마음속에 떠오르는 것은 무엇이든 2~3분간 간략하게 쓰세요. 그리고 신체 긴장을 기록하세요.

과거, 현재, 미래 지도

과거

현재

미래

이 주목할 만한 지도에 대해 생각해 봅시다.

가. 당신 지도의 '과거' 부분은 '내 어린 시절은 불우했어. 나는 해야겠다는 강한 의지로 혼신의 힘을 다해 이루어냈어.' 또는 '내 친구들은 항상 나를 지지했어.'와 같은 주제의 이야기줄기들로 가득 차 있습니다. 진실이건 아니건 간에 이러한 이야기는 왜곡되기 마련입니다. 그것들은 당신의 몸을 긴장하게 만들고 당신을 현재로부터 멀어지게 합니다. 당신이 그 이야기줄기들을 실시간으로 인지할 때, 당신이 현재 해야 할 일을 하지 못하도록 당신을 현실에서 이탈시킨다는 점에 주목하세요.

　　당신 지도의 '과거' 부분에서 무엇을 알아차렸습니까? 당신의 이야기줄기들을 적어 보세요.

나. 당신 지도의 '미래' 부분은 요구들로 가득 찬 수선공을 가지고 있습니다. 신체 긴장을 불러일으키는 각각의 항목 옆에 당신이 발견할 수 있는 요구들을 쓰세요. 예를 들면, 신체 긴장을 일으키는 항목이 '나는 내 충동과 갈망에 굴복하지 않을 거야.'라면, 요구는 '나는 절대로 내 충동과 갈망에 굴복해서는 안 된다.'입니다. 동일성 시스템은 정상적으로 기능하는 생각들을 사로잡아서 그것을 요구로 바꾸고, 당신의 몸은 긴장으로 마음을 혼란으로 가득 채웁니다. 실시간으로 미래에 대한 생각들이 떠오를 때, 당신을 현재로 되돌리기 위해 신체 긴장에 주목하고, 요구들을 발견하고, 심신 자각과 생각에 이름붙이기를 사용하세요.

　　당신 지도의 '미래' 부분에서 알아차린 요구들을 적어 보세요.

다. 이 지도의 '현재' 부분은 당신이 요즈음 느끼고 생각하는 것을 보여줍니다. 예를 들면, 신체 긴장, 우울유발제, 수선공, 이야기줄기와 같은 과활성화된 동일성 시스템의 신호를 찾아보세요. 당신의 요구를 발견해 낼 수 있습니까? 동일성 시스템은 손상된 자기를 고쳐 보려고 당신의 과거와 미래의 것들을 가져옵니다. 당신은 망가지지 않았기 때문에 수선공은 절대로 그 손상된 부분을 '고칠' 수 없다는 사실을 이제는 알게 되었습니다. 당신은 '수리'가 필요 없습니다. 손상된 자기는 (당신이 지금까지 겪어 왔던 것이 아니라) 현재의 삶을 누리지 못하도록 제한하고 있는 당신의 과활성화된 동일성 시스템일 뿐입니다.

　　지도의 '현재' 부분에 당신이 찾은 과활성화된 동일성 시스템의 신호들을 적어 보세요. 또한 당신의 우울유발제, 수선공, 이야기줄기, 요구들도 적어 보세요.

---

2. '현재' 지도를 작성하세요. 쓰기 전에 심신 자각 훈련을 사용하세요. 주위에서 들려오는 소리를 듣고, 앉아 있는 당신 몸의 압력을 느끼고, 바닥에 닿은 발의 감각을 느끼고, 손에 쥐고 있는 펜을 느껴 보세요. 일단 안정되었다고 느끼면, 손에 쥐고 있는 펜을 계속 느끼면서 마음속에 떠오르는 생각들을 무엇이든지 쓰기 시작하세요. 잉크가 종이에 스며드는 것을 보고, 주위 소리에 계속해서 귀를 기울이세요. 2~3분 후에 신체 긴장을 기록하세요.

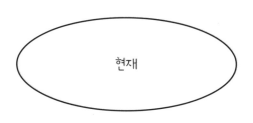

신체 긴장 : _____

가. 당신은 이 지도에서 당신의 과거, 현재, 미래 지도의 '현재' 부분과는 다른 무언가를 알아차렸습니까?

_____

_____

나. 이런 심신 상태에서 당신의 삶이 어떨 것 같은지 기록하세요.

_____

_____

현재에 있다는 것은 어떤 구역 안에 있는 것이 아니고, 깨우침의 순간이나 존재의 비범한 상태도 아닙니다. 당신의 참자기는 항상 바로 지금, 바로 여기에 존재하고 있습니다. 당신의 동일성 시스템이 잠잠할 때, 당신은 현재에 있습니다. 요구들은 항상 당신을 참자기와 현재 순간의 삶으로부터 떼어 놓습니다. 만약 당신이 '만족스럽지 않고, 지루하고, 압도된 기분이고, 뭔가 부족하고, 절망적으로' 느낀다면, 당신을 끌어내리고, 당신의 자연스러운 기능을 빼앗는 숨겨진 요구가 있다는 것입니다.

당신의 동일성 시스템이 왕성하게 작동하고 있을 때, 당신의 숨겨진 요구를 찾으세요. 그리고 심신 자각 훈련을 사용하여 현재의 순간으로 되돌아와서 그 전에 하고 있던 일을 하세요.

3. 하루 동안 당신 자신에게 물으세요. '나는 어디에 있는가?' 이것은 간단하고 강력한 심신 연결하기 훈련입니다. 당신의 신체 긴장, 어수선한 마음, 이야기줄기, 감정 상태에 주목하세요. 이러한 것들은 당신이 현재에 살고 있지 않다는 신호입니다. 동일성 시스템은 어둠 속에서 기승을 부립니다. 그러므로 자각의 빛이 정상적인 기능으로 되돌려 주는 전부입니다.

당신은 오늘 무엇을 알게 되었습니까?

_____

_____

_____

_____

_____

_____

_____

_____

_____

_____

_____

당신은 오직 현재에 살고 있습니다. 심장이 어제 또는 내일의 피를 온몸으로 보낼 수 있습니까?

1. '나에게 일어날 가능성이 있는 가장 나쁜 일은……' 지도를 작성하세요. 3~5분간 타원 주위에 당신의 생각들을 두루두루 쓰세요. 지도의 아래에 신체 긴장을 적으세요.

　나에게 일어날 가능성이 있는
　가장 나쁜 일은……

신체 긴장 : _____

　가. 당신의 지도를 보세요. 당신의 과활성화된 동일성 시스템의 신호를 쓰세요.

　_____

　_____

　나. 당신이 찾은 요구를 적어 보세요.

　_____

　_____

　다. 더 많은 요구들을 알아내기 위해 문제가 되는 생각들(심한 신체 긴장을 불러일으키는)에 대해 방울 지도를 작성하세요. 더 많은 요구를 찾을 때마다 그것들을 앞의 목록에 추가하세요.

2. 타원 안에 동일한 것을 적고 지도를 다시 작성하세요. 쓰기 전에 주위에서 들려오는 소리를 듣고, 앉아 있는 당신 몸의 압력을 느끼고, 바닥에 닿은 발의 감각을 느끼고, 손에 쥐고 있는 펜을 느껴 보세요. 일단 안정되었다고 느끼면, 손에 쥐고 있는 펜을 계속 느끼면서 마음속에 떠오르는 생각들은 무엇이든 쓰기 시작하세요. 잉크가 종이에 스며드는 것을 보고, 주위 소리에 계속해서 귀를 기울이세요. 몇 분 동안 마음에 떠오르는 생각들을 간단히 적으세요.

나에게 일어날 가능성이 있는
가장 나쁜 일은……

가. 이 지도에서 당신이 알아차린 차이점은 무엇인가요?

_____

나. 동일성 시스템이 잠잠할 때 당신은 어떻게 행동합니까?

_____

다. 하루 중 당신에게 이전의 지도에 있던 요구가 나타나면 그것들을 어떻게 진정시킬 겁니까?

_____

라. 이런 상황이 당신의 참자기로부터 당신을 떼어 놓습니까? 예 _____ 아니요 _____

마. 어떠한 경우에도 손상된 자기가 아니라 참자기가 매 순간 온전한 모습으로 되돌아올 수 있다는
    사실이 분명합니까? 예 _____ 아니요 _____

심신 연결하기 주간 평가 척도
이차 상처를 치유하고 마음의 평화를 갖고 미래를 맞이하라

날짜 : _____

지난 한 주 동안 훈련이 어땠나요? 당신에게 가장 잘 맞는 곳에 체크(✓)하세요.

얼마나 자주……	거의 없음	가끔	보통	거의 항상
이차 상처 사건들과 그것들의 숨겨진 요구를 인지했습니까?	_____	_____	_____	_____
다른 사람의 말이나 행동의 희생양이 되어서는 안 된다는 것을 깨달았습니까?	_____	_____	_____	_____
당신의 인생에서 경험하는 여러 난관을 더 쉽게 그리고 더 성공적으로 처리했습니까?	_____	_____	_____	_____
당신이 치유, 선, 힘과 지혜의 원천을 경험하는 것을 막고 있는 것이 오직 당신의 동일성 시스템이라는 것을 깨달았습니까?	_____	_____	_____	_____
마음의 평화와 행복감을 가지고 미래를 맞이했습니까?	_____	_____	_____	_____

당신이 진정시킨 이차 상처 요구 세 가지를 적으세요.

_____

_____

_____

_____

심신 연결하기가 당신의 인생을 변화시킨 특별한 상황 세 가지를 적으세요.

_____

_____

_____

_____

심신 연결하기 삶의 질 척도

날짜 : _____

당신의 진척 상황을 알아보기 위해 심신 연결하기 삶의 질 척도를 다시 한 번 평가할 시간입니다. 삶의 질 척도를 완성하고, 당신이 제1장과 제4장에서 했던 것과 비교해 보세요. 향상된 점수는 당신의 자기발견과 자기치유의 발전을 보여줍니다. 당신의 헌신과 노력은 당신이 자기 스스로를 치유할 수 있는 힘과 지혜를 항상 가지고 있다는 것을 깨닫는 열쇠입니다. 최상의 삶을 살기 위해 동일성 시스템을 잠재우고, 그것과 친구가 되기 위한 새로운 기술들을 사용하세요.

당신은 지난 7일 동안 아래 영역에서 어땠나요?

아래 질문을 읽고 해당하는 번호에 동그라미 하세요.	전혀 없음	며칠 동안	절반 이상	거의 매일
1. 나는 무엇인가를 하는 것에 흥미를 느꼈다.	0	1	3	5
2. 나는 낙관적이며, 신나고, 희망적이었다.	0	1	3	5
3. 나는 잘 잤으며, 개운하게 일어났다.	0	1	3	5
4. 나는 에너지가 넘쳤다.	0	1	3	5
5. 나는 과제에 집중하고, 자기훈련을 할 수 있었다.	0	1	3	5
6. 나는 건강하며, 잘 먹고, 운동하고, 즐겁게 지냈다.	0	1	3	5
7. 나는 가족과 친구와의 관계에 대해 만족한다.	0	1	3	5
8. 나는 집, 직장, 학교에서의 성취에 만족한다.	0	1	3	5
9. 현재 나의 경제적 상황이 안정적이다.	0	1	3	5
10. 나는 내 인생의 영적 토대에 만족한다.	0	1	3	5
11. 나는 내 인생의 방향에 만족한다.	0	1	3	5
12. 나는 마음의 평온과 안녕감으로 충만하다.	0	1	3	5

세부 합계 : _____ _____ _____ _____

총점 : _____

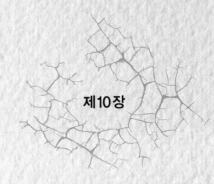

최상의 삶

여러분의 헌신과 노력에 박수를 보냅니다! 당신은 자신의 외상 후 스트레스 장애를 치유하고 있습니다. 이번 주 당신의 임무는 이 책에서 배웠던 모든 것을 사용하고, 매일 하나 이상의 지도를 작성하는 것입니다.

　이번 장에서는 심신 연결하기 훈련 지침과 기술의 요약본, 지도 작성하기 지침, 그리고 당신이 어떻게 하고 있는지를 당신에게 보여주는 주간 평가 척도를 제공합니다. 이 교재를 끝마친 후에도 계속 사용할 수 있도록 비어 있는 척도를 복사해 두세요. 또한 지도를 작성하고, 주간 척도 점수의 흐름을 꾸준히 기록할 공책을 구하세요. 가장 좋은 방법은 당신의 공책에 지도를 작성하는 것이지만, 몹시 흥분했을 때는 휴지 조각, 종이봉투, 여분의 종잇조각이라도 가능합니다. 공책에 지도를 계속 작성해 보는 습관을 만드는 것은 지속적인 발전을 위해 중요합니다.

심신 연결하기 훈련 지침

1. 과활성화된 동일성 시스템의 조기 신호를 인식하라.
   - 신체 긴장
   - 복잡한 마음
2. 생각에 이름붙이기와 심신 자각 훈련을 사용하라.
   - 마음을 진정시켜라.
   - 신체 긴장을 풀어 주어라.
   - 감각을 즐겨라.
   - 건강한 상태를 만들어라.
3. 스스로의 생각에 갇히는 것을 방지하기 위해 자신의 이야기줄기를 인지하라.
4. 우울유발제-수선공 회로와 당신은 불완전하고 손상되었다고 믿는 자기신념을 인지하라.
5. 생각을 지도로 작성하라.
   - 두 부분으로 된 심신 연결하기 지도
   - 방울 지도
   - 강력한 지도
6. 요구를 찾아서 진정시켜라.
7. 동일성 시스템과 친구가 되고, 최상의 삶을 살아라.

심신 연결하기 기술

어떤 때는 심신 연결하기가 쉽지만 때로는 많은 노력이 필요합니다. 다른 상황에서는 다른 기술이 필요합니다. 심심 자각 훈련과 생각에 이름붙이기를 사용하는 것만으로도 동일성 시스템을 잠재우고, 요구를 진정시키고, 정상적으로 기능할 수 있습니다. 때로는 이야기줄기를 인식하고 우울유발제와 수선공을 찾아내는 것이 필요할 수도 있습니다. 좀 더 어려운 상황에서는 숨겨진 요구를 찾아내기 위해 지도 작성하기를 사용합니다. 당신은 찾기 어려운 요구를 해결하기 위해 방울 지도와 강력한 지도를 사용하는 게 필요할 수도 있습니다. 어떤 일이 일어나더라도 심신 연결하기는 당신 본연의 참자기로 돌아가는 것을 성공적으로 돕는 기술입니다.

1. **심신 자각 훈련**—항상 사용하세요. 특히 부정적 자기대화와 신체 긴장을 느낄 때 사용하세요. 주위 소리를 듣고, 당신이 만지는 것이 무엇이든지 간에 그것의 감각을 느끼고, 당신 주변에 있는 것을 보면서 당신의 감각에 주파수를 맞추세요. 그저 자각하고 당신이 하던 일로 돌아가세요.

2. **생각에 이름붙이기**—부정적인 생각이 들 때 '단지 생각일 뿐'이라고 이름을 붙이고, 당신이 하던 일로 돌아오세요. 예를 들면, '나는 결코 이전과 같지 않을 거야.'라는 생각이 마음에 떠오른다면, 스스로에게 말하세요. "나는 '나는 결코 이전과 같지 않을 거야.'라고 생각하고 있어. 생각은 그저 생각일 뿐이야."

3. **우울유발제-수선공 회로 인식하기**—정상적인 기능으로부터 생기는 당신의 부정적 생각을 우울유발제가 붙잡을 때, 당신은 불완전하거나 손상됐다고 확신하게 됩니다. 우울유발제와 수선공은 함께 작동하여 동일성 시스템을 지속적으로 과활성화시킵니다. 우울유발제가 작동하면 충분한 것도 결코 충분한 것이 아니게 되고, 당신은 보상해야 한다고 확신하게 됩니다. 당신의 숨겨진 요구를 찾는 것이 우울유발제-수선공 회로를 중지시킵니다.

4. **이야기줄기 인식하기**—당신이 마음속 이야기에 깊이 빠져 있다는 것을 인지했을 때, 반복된 주제를 알아차리고, 활동 중인 이야기줄기가 있음을 인식하고, 지금 하던 일로 돌아오세요. 그 이야기가 사실이든 아니든, 긍정적이든 부정적이든 상관없습니다. 기억하세요. 그것은 당신을 힘들게 하는 부정적인 생각이거나 혹은 당신을 끌어올려 주는 긍정적인 생각이 아닙니다. 그것은 마음의 혼란을 만들고 신체의 모든 세포에 긴장을 불어넣고, 우울유발제-수선공 회로를 지탱하는 당신의 이야기줄기인 것입니다. 동일성 시스템이 이야기를 붙잡으면, 그것은 당신을 현실에서 멀어지게 합니다. 다시 돌아오기 위해 필요한 것은 단지 자각하기뿐입니다.

5. **지도 작성하기**—매일 지도 작성하기를 하기 위해서 심신 연결하기 공책을 가지고 다니세요. 몹시 흥분했을 때는 주변에 있는 어떤 종이라도 지도 작성하기에 사용할 수 있다는 점을 잊지 마세요.

   가. **두 부분으로 된 심신 연결하기 지도**—첫 번째 지도는 당신에게 작동 중인 동일성 시스템을 보여줍니다. 요구를 찾기 위해서 신체 긴장을 이용하세요. 두 번째 지도에서는 숨겨진 요구를 밝혀내고 완화하기 위해 심신 자각 훈련을 사용하세요. 참자기를 운전석에 앉히세요. 239쪽의 지도 작성하기 지침을 보세요.

   나. **방울 지도**—방울 지도는 더 많은 요구를 밝혀내기 위한 것입니다. 신체 긴장을 가장 많이 일으키는 생각 주변에 '방울'을 그리세요. 원 안의 아이템 주변으로 몇 분 동안 당신의 생각을 두루두루 적으세요. 신체 긴장을 많이 일으키는 다른 생각에도 '방울 그리기'를 계속하세요.

   다. **강력한 지도**—강한 심신 연결하기 훈련을 한 사람들을 위한 고급 지도 작성하기 연습입니다. 강력한 지도는 아직 숨겨진 요구를 찾지 못한 힘든 문제를 위한 것입니다. 이처럼 최대한 빠르게 하는 지도 작성하기 기술의 특징은 당신이 작동 중인 동일성 시스템을 보기 위해 지도를 그리고 나서 (심신 자각 훈련을 사용하지 않고) 곧바로 다른 지도를 그려야 한다는 것입니다. 필기구와 종이를 가지고 당신의 주제를 종이 중앙에 적으세요. 주제 주변에 타원형 동그라미를 그리고, 마음속에 떠오르는 생각이나 느낌이 무엇이든지 간에 간략하게 적음으로써 동일성 시스템이 요동치게 하세요. 문제를 파악하려 하지 마세요. 처음 지도에서 가장 많은 문제를 일으키는 생각을 또 하나의 주제로 삼아 다음 지도를 계속 작성하세요. 동일성 시스템이 당신의 숨은 요구를 발견할 때까지 시간이 얼마나 많이 걸리든지 계속하세요. 마침내 동일성 시스템은 스스로 차분해질 것입니다.

6. **요구 진정시키기** ─ 신체 긴장과 부정적인 자기대화처럼 혼란스러운 생각을 경험할 때면 언제든지 심신 연결하기 기술을 사용하여 동일성 시스템을 잠잠하게 하세요. 그런 다음 숨겨진 요구를 찾으세요. 예를 들어 '나는 결코 이전과 같지 않을 거야.'라고 자기대화를 한다면 '나는 예전과 마찬가지여야만 한다.'는 생각이 요구입니다. 그러고 나면 현재나 과거의 사건이 아니라 과활성화된 동일성 시스템이 현재 스트레스의 원인임을 인식하게 됩니다. 당신의 요구를 인식하는 것과 더불어 생각에 이름붙이기와 심신 자각 기술을 사용하는 습관을 만드는 것이 동일성 시스템의 힘을 줄여줍니다. 해소하기 어려운 어떤 요구라도 지도로 작성해 보세요. 그 상황에 대해서 신체 긴장이 급격히 또는 점진적으로 이완됨을 경험할 때, 당신은 요구가 진정되었다는 것을 알 수 있습니다.

심신 연결하기 지도 작성하기 지침

1. 지도 작성하기 주제를 선택하고, 타원 안에 적으세요. '내 마음에 무엇이 있나?'와 같이 간단할 수도 있고, 특정 문제 상황처럼 구체적일 수도 있습니다. 그런 다음 3~5분가량 당신의 생각을 떠오르는 그대로, 편집하지 말고 두루두루 적어 보세요. 지도의 아래에는 신체 긴장을 적으세요.

'당신이 선택한 주제' 지도

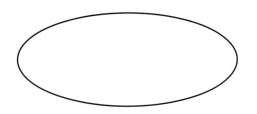

신체 긴장 : _____

과활성화된 동일성 시스템이 무엇을 합니까?

　가. 당신의 우울유발제는 무엇입니까?

　_____

　나. 당신의 수선공은 무엇입니까?

　_____

　다. 당신의 이야기줄기는 무엇입니까?

　_____

　라. 당신의 요구는 무엇입니까?

　_____

　마. 더 많은 요구를 찾기 위해 최고의 신체 긴장을 일으키는 생각에 대한 방울 지도를 만드세요.

2. 심신 자각 훈련을 사용하여 지도를 다시 작성하세요. 동일한 주제를 타원 안에 적으세요. 쓰기 전에 주위에서 들려오는 소리를 듣고, 앉아 있는 당신 몸의 압력을 느끼고, 바닥에 닿은 발의 감각을 느끼고, 손에 쥐고 있는 펜을 느껴 보세요. 일단 안정되었다고 느끼면, 손에 쥐고 있는 펜을 계속 느끼면서 마음속에 떠오르는 생각들을 무엇이든지 쓰기 시작하세요. 잉크가 종이에 스며드는 것을 보고, 주위 소리에 계속해서 귀를 기울이세요.

심신 연결하기를 사용한 '당신이 선택한 주제' 지도

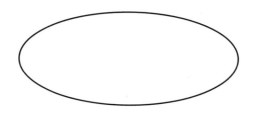

가. 동일한 주제에 대해 처음 그렸던 지도와 지금 그린 지도는 얼마나 같거나 다른가요?

_____

나. 이런 심신 상태에서 당신은 어떻게 행동합니까?

_____

다. 이전의 지도에서 발견한 요구들을 진정시킬 수 있습니까?

_____

기억하세요. 손상된 자기와 참자기 중 누구를 운전석에 앉힐 것인지 당신이 선택하세요.

심신 연결하기 주간 평가 척도
최상의 삶

날짜 : _____

지난 한 주 동안 훈련이 어땠나요? 당신에게 가장 잘 맞는 곳에 체크(✓)하세요.

얼마나 자주……	거의 없음	가끔	보통	거의 항상
주위에서 들려오는 소리를 들었나요?	_____	_____	_____	_____
음료수를 마실 때 손에 쥔 병의 감촉을 느꼈나요?	_____	_____	_____	_____
중력을 인지했나요?	_____	_____	_____	_____
스트레스를 날려 버리거나 고통을 없애기 위해 심신 자각 훈련을 사용했나요?	_____	_____	_____	_____
침구 정리, 식사, 운전 등 일상 활동을 예리하게 자각하게 되었나요?	_____	_____	_____	_____
배수구로 내려가는 물소리를 듣고, 샤워하거나 손을 씻을 때 물이 몸에 닿는 감각을 느꼈나요?	_____	_____	_____	_____
수면에 도움이 되게 심신 자각 훈련을 사용했나요?	_____	_____	_____	_____
집중하고 평온한 상태를 유지하기 위해 심신 자각 훈련을 사용했나요?	_____	_____	_____	_____
신체 긴장이 과활성화된 동일성 시스템을 가리킨다는 것을 알아차렸나요?	_____	_____	_____	_____
과활성화된 동일성 시스템이 당신의 문제를 일으키는 원인이라는 걸 깨달았나요?	_____	_____	_____	_____
우울유발제를 인식했나요?	_____	_____	_____	_____
수선공을 인식했나요?	_____	_____	_____	_____
우울유발제와 친구가 되었나요?	_____	_____	_____	_____
수선공과 친구가 되었나요?	_____	_____	_____	_____
매일 기분을 상하게 하는 요구를 찾았나요?	_____	_____	_____	_____
요구를 진정시켰나요?	_____	_____	_____	_____

이야기줄기를 인식했나요?　　　　　　　　　　_____ _____ _____ _____

이야기줄기를 자각했나요?　　　　　　　　　　_____ _____ _____ _____

손상된 자기를 인식했나요?　　　　　　　　　　_____ _____ _____ _____

동일성 시스템의 잘못된 믿음이 손상된 자기라는 걸 경험했나
요?

정상적인 기능을 인식했나요?　　　　　　　　　_____ _____ _____ _____

매 순간 정상적으로 기능하는 참자기에 대해 감사했나요?　_____ _____ _____ _____

새로운 시각으로 보는 일상생활에 감사했나요?　　　　_____ _____ _____ _____

매일 심신 지도를 작성했나요?　　　　　　　　　_____ _____ _____ _____

심신 연결하기 용어

동일성 시스템(Identity system, I-system) 모든 사람이 가지고 있다. 당신의 동일성 시스템이 켜지거나 활성화되어 있을 때, 당신의 마음은 잡념들로 인해 복잡해지고, 신체 긴장이 당신 삶을 방해하고, 외상 후 스트레스 장애로부터 치유되는 것을 가로막는다. 동일성 시스템이 꺼지거나 안정화되면, 마음은 명료해지고, 몸은 이완되며, 신체는 치유된다.

요구(Requirements) 세상과 당신이 어떠해야 하는지에 대한 생각이나 마음의 원칙, 또는 둘 모두를 말하며, 요구는 당신의 동일성 시스템을 작동시킬 수 있다. 이런 원칙들이 깨질 때 당신의 마음이 상하기 때문에 당신은 그것들을 인식하게 된다.

우울유발제(Depressor) 동일성 시스템이 계속 작동할 수 있도록 돕는다. 당신은 자신이 우울하고, 부정적인 생각이 많고, 몸이 둔하고, 긴장돼 있다는 것을 알아차림으로써 그것을 인식하게 된다.

수선공(Fixer) 동일성 시스템이 계속 작동할 수 있도록 돕는다. 당신이 긴급함을 느끼거나 뭔가를 하도록 압박을 받는다고 느낄 때, 당신은 그것을 인식하게 된다. 이런 압박감이 수선공이다.

이야기줄기(Storyline) 동일성 시스템을 지속시킨다. 당신이 하고 있는 것이나 세상으로부터 당신을 벗어나게 하는 이야기나 생각에 사로잡혀 있다는 것을 알아차릴 때 당신은 그것을 인식하게 된다.

손상된 자기(Damaged self) 과활성화된 동일성 시스템 때문에 당신이 어떻게 생각하고 느끼고 행동하는가를 나타내는 자신이다.

심신 연결하기(Bridging, mind-body bridging) 과활성화된 동일성 시스템으로 인한 손상을 막기 위해 당신이 취하는 행동이다.

심신 연결 기술(Bridging tools, mind-body bridging tools) 당신이 외상 후 스트레스 장애로부터 회복할 수 있도록 동일성 시스템을 끄기 위해 또는 잠재우기 위해 당신이 사용하는 기술이다.

1. 심신 자각 훈련(Bridging awareness practice) 주위의 소리를 듣고, 당신과 닿아 있는 모든 것을 느끼며, 당신의 몸을 느낌으로써 당신의 감각으로 돌아오는 것을 말한다.

2. 생각에 이름붙이기(Thought labeling) 잡념이 든다고 알아차리면, 그것을 인식하고 '그저 생각'이라고 이름 붙이고, 당신이 하던 일로 돌아가는 것을 말한다. 이것은 생각이 당신의 몸을 안 좋게 또는 긴장되게 만드는 것을 막아준다.

3. 지도 작성하기(Mapping, Mind-body mapping) 당신 삶 속의 문제, 사람, 일어났던 일 들에 대해 당신의 마음속에 떠오르는 생각을 무엇이든 적어 보는 단기간의 훈련이다. 지도는 동일성 시스템이 당신에게 가하는 해로운 점을 당신이 알고, 그것을 안정시킬 수 있게 도와준다.

4. 요구 진정시키기(Defusing requirement) 당신과 세상이 어떻게 되어야 하는지에 대한 원칙이 무너지는 상황에서 화내거나 무너져 내리는 대신, 명료한 마음과 진정된 몸으로 상황에 대처하는 것을 말한다.

5. 동일성 시스템과 친구되기(Befriending the I-system) 당신이 동일성 시스템을 밀쳐내는 것을 멈추고, 단지 그것을 지켜봄으로써 그것의 부피를 줄이기 시작할 때, 동일성 시스템은 적이 아니라 친구가 된다. 사실 나중에는 마치 친구처럼 심지어 당신이 회복되는 것을 도와준다.

정상적으로 기능하기(Natural functioning) 당신이 안정되었을 때, 당신이 어떻게 생각하고 느끼고 행동하는가를 말한다.

참자기(True self) 당신이 자신과 세상에 대해 안정감을 느끼고, 동일성 시스템이 꺼져 있을 때의 자신이다.

현재의 순간(Present moment) 바로 지금, 바로 여기-당신이 진정으로 삶을 살 수 있는 유일한 곳을 의미한다. 그것은 어떤 구역이나 깨우친 혹은 비범한 상태가 아니다. 동일성 시스템이 조용할 때 당신의 참자기는 현재의 순간에 있는 것이다.

치유, 선, 힘, 지혜의 원천(Wellspring of healing, goodness, power, and wisdom) 당신이 동일성 시스템을 친구로 만들었을 때 항상 당신에게 존재하는 힘의 근원이다.

참고문헌

American Psychiatric Association (APA). 2000. *Diagnostic and Statistical Manual of Mental Disorders (DSM -IV-TR)*. 4th ed., text rev. Washington, DC: American Psychiatric Association.

Block, S. H., and C. B. Block. 2007. *Come to Your Senses: Demystifying the Mind-Body Connection*. 2nd ed. New York: Atria Books/Beyond Words Publishing.

Block, S. H., S. H. Ho, and Y. Nakamura. 2009. *A brain basis for transforming consciousness with mind-body bridging*. Paper presented at Toward a Science of Consciousness 2009 conference, June 12, at Hong Kong Polytechnical University, Hong Kong, China, Abstract 93.

Boly, M., C. Phillips, E. Balteau, C. Schnakers, C. Degueldre, G. Moonen, A. Luxen, P. Peigneux, M. -E. Faymonville, P. Maquet, and S. Laureys. 2008a. Consciousness and cdrebral baseline activity fluctuations. *Human Brain Mapping* 29 (7): 868–74.

Boly, M., C. Phillips, L. Tshibanda A. Vanhaudenhueyse, M. Schabus, T. T. Dang-Vu, G. Moonen, R. Hustinx, P. Maquet, and S. Laureys. 2008b. Intrinsic brain activity in altered states of consciousness: How conscious is the default mode of brain function? *Annals of the New York Academy of Sciences* 1129:119–29.

Menninger, K. 1938. *Man Against Himself*. New York: Harcourt, Brace, Jovanovich.

Nakamura, Y., D. L. Lipschitz, R. Landward, R. Kuhn, and G. West. Forthcoming. Two sessions of sleep -focused mind-body bridging improve self-reported symptoms of sleep and PTSD in veterans: A pilot randomized controlled trial. *Journal of Psychosomatic Research*.

Tollefson, D. R., K. Webb, D. Shumway, S. H. Block, and Y. Nakamura. 2009. A mind-body approach to domestic violence perpetrator treatment: Program overview and preliminary outcomes. *Journal of Aggression, Maltreatment, and Trauma* 18 (1):17-45.

Weissman, D. H., C. Roberts, K. M. Visscher, and M. G. Woldorff. 2006. The neural bases of momentary lapses in attention. *Nature Neuroscience* 9 (7): 971-78.